教育部人文社会科学研究青年基金项目
"乡村振兴战略下农民工返乡创业财税扶持政策绩效……"
（项目批准号：18YJC630172）

共同富裕视域下农民工返乡创业财税扶持政策研究

王春儿　马春光　汤鹏主　著

燕山大学出版社

·秦皇岛·

图书在版编目（CIP）数据

共同富裕视域下农民工返乡创业财税扶持政策研究 / 王春儿, 马春光, 汤鹏主著. -- 秦皇岛：燕山大学出版社, 2025.1. -- ISBN 978-7-5761-0790-6

Ⅰ. F812.422

中国国家版本馆 CIP 数据核字第 20250AN353 号

共同富裕视域下农民工返乡创业财税扶持政策研究
GONGTONG FUYU SHIYU XIA NONGMINGONG FANXIANG CHUANGYE CAISHUI FUCHI ZHENGCE YANJIU

王春儿　马春光　汤鹏主　著

出 版 人：陈　玉	
责任编辑：李　冉	
责任印制：吴　波	封面设计：谢　飞
出版发行：燕山大学出版社	电　　话：0335-8387555
地　　址：河北省秦皇岛市河北大街西段 438 号	邮政编码：066004
印　　刷：涿州市殷润文化传播有限公司	经　　销：全国新华书店
开　　本：710 mm×1000 mm　1/16	印　　张：12
版　　次：2025 年 1 月第 1 版	印　　次：2025 年 1 月第 1 次印刷
书　　号：ISBN 978-7-5761-0790-6	字　　数：192 千字
定　　价：60.00 元	

版权所有　侵权必究

如发生印刷、装订质量问题，读者可与出版社联系调换

联系电话：0335-8387718

前言

党的二十大报告指出："中国式现代化是全体人民共同富裕的现代化。"共同富裕是中国特色社会主义的本质要求，也是一个长期的历史过程。2021年2月25日全国脱贫攻坚总结表彰大会举行，我国脱贫攻坚战取得了全面胜利，同年12月8—10日召开的中央经济工作会议提出了当前必须正确认识和把握的五个新的重大理论和实践问题，其中以共同富裕为首。那么共同富裕对我国的乡村振兴意味着什么？乡村的共同富裕需要通过乡村振兴来实现。返乡创业农民工是乡村建设的一支重要力量，鼓励农民工返乡创业，是推动乡村振兴的一个重要途径。

早在2015年，国务院发布《关于支持农民工等人员返乡创业的意见》（国办发〔2015〕47号），该意见中提出了落实定向减税和普遍性降费政策、加大财政支持力度等政策措施。同时，为贯彻落实意见精神，自2015年以来，国家发展改革委会同有关部门分三批组织341个返乡创业试点县（市、区）开展支持农民工等人员返乡创业试点工作。本书以浙江省为例开展研究，浙江省共有7个县区列入，分别为杭州市桐庐县和丽水市庆元县、云和县、龙泉市、松阳县、莲都区、遂昌县。2020年，国家结合新型城镇化开展支持农民工等人员返乡创业试点虽已到期，但是仍鼓励这些地区继续探索创新，不断推出有效的改革举措，推动返乡创业工作再上新台阶。同时随着共同富裕的不断推进，2021年5月，《中共中央 国务院关于支持浙江高质量发展建设共同富裕示范区的意见》发布，共同富裕示范区落地浙江。2022年7月，浙江省委农村工作领导小组办公室印发《中共浙江省委农村工作领导小组办公室关于支持山区26县乡村全面振兴加快农民农村共同富裕的意见》，浙江省返乡创业7个试点县区中有6个列入26县中。

在全面推进乡村振兴、实现共同富裕的道路上，各级政府部门相继出台了配套政策扶持农民工返乡创业，财税扶持政策就是其中之一。那么当前的财税扶持政策能否满足乡村振兴战略的实施，其效果如何？本书重点对当前的财税扶持政策进行了梳理，并结合浙江省返乡创业试点县区及共同富裕山区26县，以杭州市桐庐县和丽水市庆元县、云和县、龙泉市、松阳县、莲都区、遂昌县等7个县区为研究对象，开展了相关调研，分析了当前政策效果，并提出了相应对策，为政策的下一步改进提供方向参考和决策依据，更好地推进乡村振兴，实现共同富裕。

本书是教育部人文社会科学研究青年基金项目"乡村振兴战略下农民工返乡创业财税扶持政策绩效评估及对策研究"（项目批准号：18YJC630172）的研究成果。本课题的研究得到了学术界和实务界等专家学者的大力支持和协作，在此表示衷心的感谢！同时，本书的完成得到了学校科研处、财富管理学院以及出版社的鼎力支持与帮助，在此表示诚挚的感谢！

由于作者水平有限，本书难免存在疏漏，敬请各位读者谅解和指正！

王春儿　马春光　汤鹏主

2024年9月

目录 Contents

第一章　共同富裕与乡村振兴 ···················· 1

第一节　共同富裕的内涵 ···················· 1
第二节　乡村振兴的内涵 ···················· 10
第三节　共同富裕与乡村振兴的内在联系 ···················· 15
第四节　农民工返乡创业对共同富裕与乡村振兴的促进作用 ···················· 23

第二章　共同富裕视域下返乡创业财税政策 ···················· 29

第一节　国家（部委）返乡创业财税政策 ···················· 29
第二节　浙江省返乡创业财税政策 ···················· 47
第三节　浙江省内市、县（市、区）返乡创业财税政策 ···················· 53

第三章　财税扶持政策与创新创业 ···················· 65

第一节　政府补助激励创新创业的研究 ···················· 66
第二节　税收优惠激励创新创业的研究 ···················· 72
第三节　政府补助和税收优惠激励　创新创业的融合研究 ···················· 85

第四章　共同富裕视域下农民工返乡创业财税扶持政策效果分析 ··· 91

第一节　农民工返乡创业财税扶持政策类型 ···················· 93
第二节　农民工返乡创业财税扶持政策评价体系构建 ···················· 96

第三节　农民工返乡创业财税扶持政策效果调查……………104

第五章　研究结论与政策建议……………122

第一节　研究结论……………………………………122
第二节　政策建议……………………………………124

附录一………………………………………………………128
附录二………………………………………………………165
附录三………………………………………………………170
附录四………………………………………………………173
参考文献……………………………………………………178

第一章

共同富裕与乡村振兴

第一节 共同富裕的内涵

一、什么是共同富裕

共同富裕这一概念属于经济学范畴,其定义应依据经济学原理来阐述。"富裕"一词,意味着财产的大量拥有,涵盖金钱、物资、房产、土地等多方面的丰盈。相反,贫困则指的是这些资源的匮乏。共同富裕旨在通过全体人民的勤勉工作与互助合作,使大家最终达到生活富足、衣食无忧的状态,它意味着消除极端贫富分化,实现普遍富裕。需明确的是,"共同富裕"并不意味着所有人或地区在同一时间、以相同速度或程度达到富裕,而是允许并鼓励部分人或地区先行富裕,再由先富者带动后富者,循序渐进地迈向共同富裕的目标。所以,那些声称共同富裕就是同步富裕、就是绝对平均主义的说法是片面而错误的。

"平均主义"指的是对生存所需资料的均匀分配与消费,换言之,它主张每个人应平等地拥有生活必需品,即意味着社会财富的均衡分配。但在历史的事例中,李自成与洪秀全均尝试过实行平均主义,但是他们所实行的平均主义的原则是同步富裕,过度强调了主观上的绝对同步。由此可见,"共同富裕"这一概念显然不等同于"平均主义","共同富裕"也显然不同于"同步富裕"。马克思关于共同富裕的构想包含两个核心方面:一是确保分配的公平性,致力于缩小乃至消除社会成员间的分配不均;二是将生产力的高度发展视为实现这一目标的前提条件。在马克思的设想中,共产主义社会的初级阶段,共同富裕体现为在生产资

料公有制的基础上,劳动者依据其提供的劳动量来平等地分配消费品。而到了共产主义社会的高级阶段,共同富裕则进一步体现为在同样的公有制基础上,个人能够根据自己的需求自由地获取资源,从而实现个人的全面发展。共同富裕不仅是社会主义的内在本质和追求目标,也是中国社会主义制度所秉持的根本原则。

二、共同富裕的中国实践探索

共同富裕是社会主义的本质要求,也一直是中国共产党人矢志不渝的根本价值取向。新中国成立以来,中国共产党人对共同富裕目标的追求从未改变,且随着时代的发展和社会的进步,对这一目标的认识不断深化。在追求共同富裕的过程中,积累了丰富的实践经验,并不断探索适合中国国情的道路。通过制定和实施一系列的政策和措施,如扶贫攻坚、优化收入分配结构、推动区域协调发展等,致力于缩小贫富差距,提高人民生活水平,让全体人民共享改革发展的成果。实际上,共同富裕不仅仅是一个经济目标,更是一个涉及社会公平、民生改善、人的全面发展等多方面的综合目标。它体现了社会主义制度的优越性,也彰显了为人民服务的宗旨。

(一)社会主义改造时期的共同富裕构想

"共同富裕"这一概念最早在党的正规文献中出现是在1953年12月16日中国共产党中央委员会通过的《中共中央关于发展农业生产合作社的决议》中。该决议不仅明确提出了"共同富裕"的目标,还详细阐述了实现这一目标的方法和路径。决议指出,党在农村中的最根本任务是要教育和促进农民群众逐步联合组织起来,实行农业的社会主义改造,使农业由个体经济转变为合作经济。这样做的目的是为了逐步克服工业和农业之间发展不相适应的矛盾,并使农民能够逐步摆脱贫困,实现共同富裕和普遍繁荣的生活。

《决议》强调了要用农民易于理解且能接受的方式,去教育和引导他们逐步联合起来,走向社会主义道路。而"共同富裕"这一理念,以其简洁明了、贴近民生的特点,迅速成为了广大农民群众能够深刻理解并热切期盼的目标。在《决议》起草和通过的过程中,党内外广泛征求了意见,这使得"共同富裕"这一词汇很快引起了理论工作者和文艺工作者的关注。他们敏锐地捕捉到了这一理念的重要性和时代价值，开始通过各种渠道进行宣传和推广。从历史文献和主要报刊、杂志的记录来看，1953年以前，"共同富裕"这一词汇并未出现。然而，在1953年，《人民日报》等主流媒体上，"共同富裕"一词开始频繁出现，仅在《决议》通过的12月，就出现了九次之多。这充分说明了"共同富裕"理念在当时社会中的广泛传播和深入人心。

"共同富裕"这一理念，以其简洁明了的语言，深入人心，为广大农民、工商界人士以及其他社会阶层所深刻理解并向往。它不仅是社会主义的重要目标，也是引导人们走向社会主义道路的关键概念。

（二）改革开放初期共同富裕的阶段性推进策略

党的十一届三中全会上，邓小平同志提出了社会主义建设的新思路，明确指出，贫穷不是社会主义，共同富裕才是社会主义的本质特征，这一论断为中国的改革开放和社会主义现代化建设指明了方向。鼓励一部分地区一部分人先富起来，这是基于对中国国情的深刻认识和把握。由于历史、地理、资源等多种原因，中国各地区、各阶层之间的发展是不平衡的。因此，提出允许一部分地区、一部分人先富起来，通过先富带动、帮助后富，最终实现共同富裕。这一政策极大地激发了人们的积极性和创造力，推动了中国经济的快速发展。

"允许一部分人、一部分地区先富起来，以先富带动后富，最终实现共同富裕"，具有深远的战略意义和重要的实践价值。首先，这一政策打破了传统的平均主义观念，鼓励人们通过辛勤努力和合法经营来追求更好的生活。它激发了人们的积极性和创造力，推动了经济的快速发展。同时，这也为社会主义市场经济的建立和发展奠定了基础，为中国经济的腾飞注入了强大的动力。其次，这一政策强调了先富与后富的辩证关系。一部分人先富起来，会产生极大的示范力量，带动其他地区、其他单位的人们向他们学习，从而推动整个国民经济的波浪式向前发展。这一观点符合经济发展的客观规律，也体现了社会主义的优越性。通过先富带动后富，可以实现经济的均衡发展和社会的共同富裕。

在邓小平理论的指引下，中国共产党人对经济体制进行了大胆的改革。在农村，推行了以包产到户为主的家庭联产承包责任制，这一改革极大地激发了农民的生产积极性，提高了农业生产效率，为农村经济的发展奠定了基础。在城市，开始引进市场经济的做法，发展商品经济，这一举措促进了资源的优化配置，推动了城市经济的快速发展。同时，还实行了对外开放政策，建立经济特区，鼓励东部沿海有条件的地区率先实现现代化。这一政策不仅促进了国内外经济的交流与合作，还为中国的经济发展注入了新的活力。经济特区和沿海地区的快速发展，为全国其他地区提供了宝贵的经验和示范，推动了全国经济的整体发展。

总的来说，改革开放初期共同富裕的阶段性推进策略，不仅促进了生产力的发展和财富的增加，还为实现共同富裕奠定了坚实的基础。

（三）社会主义市场经济体制下的共同富裕实现路径

党的第十四次全国代表大会明确提出了建立社会主义市场经济体制的改革目标。这一目标的提出，标志着中国经济体制改革进入了一个新的阶段，旨在进一步解放和发展生产力，促进经济的快速发展。通过引入市场竞争机制，优化资源配置，提高经济效率，为中国经济的持续增长奠定了坚实的基础。在推进经济体制改革的同时，中国共产党人也高度重视社会公平问题，提出要在提高效率的前提下更好地实现社会公平，兼顾效率与公平。为了实现这一目标，主张运用包括市场在内的各种调节手段，既鼓励先进，促进效率，合理拉开收入差距，以激发人们的积极性和创造力；又防止两极分化，通过税收、社会保障等手段调节收入分配，保障低收入群体的基本生活，逐步实现共同富裕。

1993年，党的十四届三中全会通过了《关于建立社会主义市场经济体制若干问题的决定》，这一重要文献对效率与公平的问题作出了进一步的阐述："建立以按劳分配为主体，效率优先、兼顾公平的收入分配制度，鼓励一部分地区一部分人先富起来，走共同富裕的道路。"

1994年，国务院召开的全国扶贫开发工作会议，以及随后通过的《"八七"扶贫攻坚计划》，标志着我国在扶贫开发工作上迈出了坚实的一步。这一计划是在国家财力有限的情况下，展现出的对扶贫工作的高度重视和坚定决心。通过逐年加大扶贫投入，到20世纪末，全国农村贫困人口的温饱问题基本得到解决，为我国实现共同富裕的道路奠定基础。

进入新世纪，中国的社会主义现代化建设确实迈入了一个全新的阶段，面临着前所未有的机遇与挑战。2003年，我国人均国内生产总值突破一千美元，这不仅是经济发展的一个重要里程碑,也标志着我国社会结构和人民群众需求发生了深刻变化。在这一阶段,中国的发展呈现出许多新的阶段性特征。经过二十多年的改革开放,广大群众普遍受惠,富裕程度显著提高,人民生活总体上达到了小康水平。然而,随着经济结构的深刻变化,城乡、地区、产业以及不同资源占有群体之间的收入差距进一步拉大,社会利益关系变得更加复杂。人民群众的物质文化需求不断提高并更加多样化,公平意识也越来越强,对党和政府维护和实现社会公平的要求也越来越高。

党的十六届五中全会提出了建设社会主义新农村的重大历史任务,这一决策标志着我国对于农村发展的重视达到了新的高度。在"多予、少取、放活"的方针政策指引下,中央政府和国务院连续出台了四个指导"三农"工作的中央一号文件,这些文件都包含了一系列"高含金量"的政策措施,旨在促进农村经济的发展和农民生活水平的提高。从2004年至2007年,我国在农村建设方面取得了显著的成就。农林水利气象和扶贫工作得到了全面推进,农村公路改造、农村电力设施建设、农产品市场建设等工程也全面启动。这些基础设施的建设不仅改善了农村的生产生活条件,也为农村经济的发展提供了有力的支撑。同时,农村义务教育和医疗保障也得到了不断加强。教育是提高农民素质、促进农村发展的关键,而医疗保障则是保障农民健康、减轻农民负担的重要措施。这些政策的实施,使得农民的教育和医疗条件得到了显著改善。

党的十六届六中全会通过了《中共中央关于构建社会主义和谐社会重大问题的决定》,明确提出了构建社会主义和谐社会的目标和任务。该《决定》强调了扭转城乡、区域发展差距扩大的趋势,形成合理有序列的收入分配格局,以及建立覆盖城乡的社会保障体系等核心任务。这些任务旨在确保人民群众能够过上更加富足的生活,实现全面建设惠及十几亿人口的更高水平的小康社会的目标。十六届六中全会第二次全体会议进一步明确了构建社会主义和谐社会的具体路径。提出了既要从"大社会"着眼,又要从"小社会"着手的策略,强调以解决人民群众最关心、最直接、最现实的利益问题为重点。这一策略体现了以人为本的发展理念,注重满足人民群众的实际需求,促进社会公平正义,增强社会创造活力,推动共同富裕的实现。

党的十七大报告进一步深刻而全面地阐述了社会建设的重要性，以及在经济发展基础上应如何更加注重保障和改善民生。这一论述为人们在社会主义条件下实现共同富裕提供了现实的希望和具体的路径。

（四）新时代共同富裕的现代化建设纲领

进入新时代，以习近平同志为核心的党中央坚持以人民为中心的发展思想，扎实推动共同富裕与社会主义现代化建设进程相结合，丰富和拓展了马克思主义共同富裕思想。准确把握我国社会主要矛盾变化，把增进人民福祉、促进人的全面发展、朝着共同富裕方向稳步前进作为经济发展的出发点和落脚点，采取有力措施保障和改善民生，打赢脱贫攻坚战，全面建成小康社会，开启实现第二个百年奋斗目标新征程，关切和回应了我国社会主要矛盾变化带来的新特征新要求。

党的二十大报告强调"中国式现代化是全体人民共同富裕的现代化"。共同富裕是中国特色社会主义的本质要求。共同富裕体现了人类文明新形态的价值追求。共同富裕是中国式现代化的重要特征。

明确在高质量发展中促进共同富裕。发展是党执政兴国的第一要务。没有坚实的物质技术基础，就不可能全面建成社会主义现代化强国，也就难以促进全体人民共同富裕。我们锚定高质量发展目标，以创新驱动发展，做大做好"蛋糕"，为扎实推动共同富裕创造有利条件。我们党正确认识党和人民事业所处的历史方位和发展阶段，从历史和现实、理论和实践的角度全面把握新发展阶段，完整、准确、全面贯彻新发展理念。把提高供给体系质量作为主攻方向，深入推进供给侧结构性改革，着力提高全要素生产率，构建以国内大循环为主体、国内国际双循环相互促进的新发展格局，加快建设全国统一大市场，持续推动经济社会发展绿色化、低碳化转型，加快推进从外延型经济增长方式向内涵型经济增长方式转变，持续增强高质量发展的新优势新动能，经济实力、综合国力实现历史性跃升。我国国内生产总值从2012年的54万亿元，增长到2022年的121万亿元；人均国内生产总值从2012年的39771元，增长到2022年的85698元。这为推进全体人民共同富裕提供了坚实的物质保障。

把优化收入分配结构作为关键举措。实现共同富裕的目标，首先要通过全国人民共同奋斗把"蛋糕"做大做好，然后通过合理的制度安排正确处理增长和分配关系，把"蛋糕"切好分好。这是一个长期的历史过程，既要解放和发展社会生产力，不断创造和积累社会财富，又要处理好效率和公平的关系，防止两极分化。分配制度是促进共同富裕的基础性制度。我国持续深化收入分配制度改革，坚持就业优先战略，加大税收、社保、转移支付等调节力度，取缔非法收入，通过提低、扩中、调高，形成合理有序的收入分配格局，不断推动改革发展成果更多更公平惠及全体人民。全国居民人均可支配收入从2012年的16510元增长到2022年的36883元；全国居民恩格尔系数从2012年的33%下降到2022年的30.5%；中等收入群体比重持续增加。

把缩小城乡区域差距作为主攻方向。自觉主动解决地区差距、城乡差距，是我们促进社会公平正义、坚决防止两极分化的重要一环。我国发展不平衡不充分问题依然存在，各区域各领域各方面存在失衡现象，制约了整体发展水平提升。我国着力推进城乡融合和区域协调发展，制定一系列具有全局性意义的区域重大战略，深入推进西部大开发、东北全面振兴、中部地区崛起、东部率先发展，地区发展差距逐步缩小，发展的均衡性显著提升。东部地区与中部地区、西部地区的人均地区生产总值之比分别从2012年的1.69、1.87缩小至2022年的1.50、1.64。聚焦城乡均衡发展，实施乡村振兴战略、新型城镇化战略，推进城乡深度融合发展，构建起城乡融合发展体制机制和政策体系，逐步缩小城乡差距。常住人口城镇化率从2012年的53.1%提高到2022年的65.2%，城乡居民人均可支配收入比从2012年的2.88缩小到2022年的2.45，城乡基本公共服务均等化水平显著提升。

把丰富人民群众精神文化生活作为重要目标。物质贫困不是社会主义，精神贫乏也不是社会主义，物质富足、精神富有是社会主义现代化的根本要求。实现全体人民共同富裕，是人民群众物质生活和精神生活都富裕，既要"富口袋"，更要"富脑袋"。只有物质文明建设和精神文明建设都搞好，国家物质力量和精神力量都增强，全国各族人民物质生活和精神生活都改善，才能不断推动全体人民共同富裕。我国顺应人民日益增长的精神文化需求，坚持物质富裕和精神富足相统一，既通过经济高质量发展创造丰富的物质财富，又创造更多更好的精神产品。培育和践行社会主义核心价值观，提升社会的整体文明程度，建设具有强大凝聚力和引领力的社会主义意识形态；深入实施中华优秀传统文化传承发展工程，加强爱国主义、集体主义、社会主义教育；健全公共文化服务体系和文化产业体系，满足人民群众更高质量的精神文化公共产品和服务需求。

当前，我国已步入以中国式现代化全面推进强国建设、民族复兴的新征程，这是一条充满挑战与机遇的道路。为了在这一新征程中进一步推动全体人民共同富裕取得新成效，我们需要从多个方面着手，确保发展的全面性、协调性和可持续性。首先，高质量发展是全面建设社会主义现代化国家的首要任务。我们必须坚持以人民为中心的发展思想，将实施扩大内需战略与深化供给侧结构性改革有机结合起来。这意味着我们要注重内需的拉动作用，同时也要通过供给侧结构性改革来提升经济的质量和效率。通过增强国内大循环的内生动力和可靠性，以及提升国际循环的质量和水平，我们可以推动经济实现质的有效提升和量的合理增长，为共同富裕奠定坚实的物质基础。其次，完善分配制度是实现共同富裕的关键环节。我们要坚持按劳分配为主体、多种分配方式并存的制度，构建初次分配、再分配、第三次分配协调配套的制度体系。这有助于确保收入分配的公平性和合理性，努力提高居民收入在国民收入分配中的比重，以及劳动报酬在初次分配中的比重。同时，我们还需要完善按要素分配的政策制度，多渠道增加城乡居民财产性收入，让更多人分享经济发展的成果。此外，推进城乡融合和区域协调发展也是实现共同富裕的重要途径。我们要深入实施区域协调发展战略、区域重大战略、主体功能区战略和新型城镇化战略，优化重大生产力布局。通过构建优势互补、高质量发展的区域经济布局和国土空间体系，我们可以促进城乡之间、区域之间的协调发展，缩小发展差距，实现共同富裕。最后，以社会主义核心价值观为引领，发展社会主义先进文化也是实现共同富裕不可或缺的一环。我们要弘扬革命文化，传承中华优秀传统文化，满足人民日益增长的精神文化需求。这有助于巩固全党全国各族人民团结奋斗的共同思想基础，为共同富裕提供强大的精神动力和文化支撑。

综上所述，实现共同富裕是一个复杂而艰巨的任务，需要从多个方面着手，形成合力。通过高质量发展、完善分配制度、推进城乡融合和区域协调发展以及发展社会主义先进文化等措施，我们可以逐步推动全体人民共同富裕取得新成效，为中国式现代化的全面推进贡献力量。

第二节 乡村振兴的内涵

一、乡村振兴的定义

乡村作为人类社会的重要组成部分，承载着多重功能和特征，这些功能和特征共同构成了乡村独特的魅力和价值。乡村兴则国家兴，乡村衰则国家衰。乡村振兴是指政府采取各种措施，加强乡村的经济和社会发展，改善乡村居民的生活条件，使乡村更加繁荣发展。

二、乡村振兴战略的实施

（一）乡村振兴战略的提出

我国人民日益增长的美好生活需要和不平衡不充分的发展之间的矛盾在乡村较为突出，这主要体现在乡村地区的基础设施、公共服务、教育、医疗等方面与城市存在显著差异。这种不平衡不仅影响了乡村居民的生活质量，也制约了乡村的可持续发展。全面建成小康社会和全面建成社会主义现代化强国，最艰巨最繁重的任务在农村，最广泛最深厚的基础在农村，最大的潜力和后劲也在农村。习近平同志于 2017 年 10 月 18 日在党的十九大报告中提出乡村振兴战略。十九大报告明确将农业、农村、农民问题视为关系国计民生的根本性问题，并强调必须始终把解决好"三农"问题作为全党工作的重中之重。实施乡村振兴战略，正是基于这一战略判断而作出的重大决策。

（二）乡村振兴战略实施的时间脉络

2018 年 2 月 4 日中央一号文件《中共中央　国务院关于实施乡村振兴战略的意见》的发布，标志着我国乡村振兴战略的正式启动。这一战略是按照党的十九大提出的决胜全面建成小康社会、分两个阶段实现第二个百年奋斗目标的战略安排而制定的，旨在推动农业农村现代化，实现农业强、农村美、农民富的宏伟目标。从文件内容来看，乡村振兴战略的目标任务明确且具体，分为三个阶段逐步推进。到 2020 年，乡村振兴要取得重要进展，包括农业综合生产能力的提升、农村一二三产业的融合发展、农民增收渠道的拓宽、农村基础设施建设的深入推进、城乡基本公共服务均等化水平的提高等多个方面。这些目标的实现，将为乡村振兴战略的后续实施奠定坚实基础。到 2035 年，乡村振兴要取得决定性进展，农业农村现代化基本实现。这意味着农业结构将得到根本性改善，农民就业质量显著提高，相对贫困进一步缓解，共同富裕迈出坚实步伐。同时，城乡基本公共服务均等化基本实现，城乡融合发展体制机制更加完善，乡村治理体系更加完善，农村生态环境根本好转。最终，到 2050 年，乡村要实现全面振兴，农业强、农村美、农民富的目标要全面实现。这将是一个历史性的成就，标志着我国农业农村发展进入一个新的时代。为了实现这些目标任务，需要各地区各部门的共同努力和推进。政府需要加大对农业农村的投入和支持，推动农村基础设施建设、农业科技创新、农村人才培养等方面的工作。同时，还需要加强农村基层党组织建设，提高乡村治理水平，推动乡村文明建设，促进农村生态环境保护和可持续发展。

2018 年 3 月 5 日，国务院总理李克强在作政府工作报告时，明确提出要大力实施乡村振兴战略，并为此制定了一系列具体措施和政策，涵盖农业供给侧结构性改革、基础设施建设与资源保护、新型经营主体与社会化服务、"互联网+农业"与农民增收、农村改革与活力激发、基础设施与人居环境改善以及乡村治理体系与农业农村现代化等多个方面，为乡村振兴战略的实施提供了全面而具体的指导。

2018 年 9 月，中共中央、国务院印发了《国家乡村振兴战略规划（2018—2022 年）》（以下简称《规划》）。这是为实施乡村振兴战略而制定的重要文件，明确了乡村振兴的总体要求、目标任务、工作重点和政策措施，是指导各地区各部门分类有序推进乡村振兴的重要依据。首先，《规划》以习近平总书记关于"三农"工作的重要论述为指导，这体现了党中央对乡村振兴工作的高度重视和深刻认识。乡村振兴是实现中华民族伟大复兴的必由之路，也是全面建设社会主义现代化国家的必然要求。其次，《规划》按照产业兴旺、生态宜居、乡风文明、治理有效、生活富裕的总要求，对实施乡村振兴战略作出了阶段性谋划。这五个方面的要求

第一章
共同富裕与乡村振兴

相互关联、相互促进，构成了乡村振兴的有机整体。产业兴旺是乡村振兴的经济基础，生态宜居是乡村振兴的环境保障，乡风文明是乡村振兴的精神支撑，治理有效是乡村振兴的社会基础，生活富裕是乡村振兴的根本目标。在目标任务方面，《规划》分别明确了截至2020年全面建成小康社会和2022年召开党的二十大时的目标任务。到2020年，乡村振兴的制度框架和政策体系基本形成，各地区各部门乡村振兴的思路举措得以确立，全面建成小康社会的目标如期实现。这一目标的实现，为乡村振兴战略的后续实施奠定了坚实基础。到2022年，乡村振兴的制度框架和政策体系初步健全，探索形成一批各具特色的乡村振兴模式和经验，乡村振兴取得阶段性成果。这为乡村振兴战略的深入推进提供了有益借鉴和示范引领。此外，《规划》还展望了到2035年和2050年的乡村振兴目标。到2035年，乡村振兴取得决定性进展，农业农村现代化基本实现。这意味着农业结构得到根本性改善，农民就业质量显著提高，相对贫困进一步缓解，共同富裕迈出坚实步伐。到2050年，乡村全面振兴，农业强、农村美、农民富全面实现。这是一个宏伟而美好的愿景，也是全党全国各族人民的共同心愿。最后，《规划》部署了重大工程、重大计划、重大行动，以确保乡村振兴战略落实落地。这些重大工程、计划和行动是乡村振兴战略的重要支撑和保障，也是各地区各部门推进乡村振兴工作的重要抓手。

2021年2月21日，中共中央、国务院发布了2021年中央一号文件，即《中共中央 国务院关于全面推进乡村振兴加快农业农村现代化的意见》。总体要求是坚持把解决好"三农"问题作为全党工作重中之重，把全面推进乡村振兴作为实现中华民族伟大复兴的一项重大任务。同时强调，要加强党对"三农"工作的全面领导，确保乡村振兴各项政策措施落到实处。各级党委和政府要切实扛起责任，把"三农"工作摆在更加突出的位置，加强组织领导和统筹协调，为全面推进乡村振兴提供坚强政治保障。

2021年2月25日，国家乡村振兴局作为国务院直属机构正式挂牌成立，标志着我国脱贫攻坚战取得了全面胜利，并开启了全面实施乡村振兴的新篇章。国家乡村振兴局的成立是我国乡村振兴战略实施的重要举措之一。在巩固拓展脱贫攻坚成果、推进乡村振兴工作等方面发挥重要作用，并产生深远的社会影响。

2021年3月，中共中央、国务院发布的《关于实现巩固拓展脱贫攻坚成果同乡村振兴有效衔接的意见》是一份具有里程碑意义的政策文件，为巩固拓展脱贫攻坚成果与乡村振兴的有效衔接指明了方向。该意见的发布，彰显了中国共产党领导和我国社会主义制度的政治优势。全党全国务必站在践行初心使命、坚守社会主义本质要求的政治高度，举全党全国之力，统筹安排、强力推进各项工作，确保乡村振兴战略的顺利实施，让广大农民过上更加美好的生活，朝着逐步实现全体人民共同富裕的目标继续前进。

2021年4月29日，十三届全国人大常委会第二十八次会议表决通过《中华人民共和国乡村振兴促进法》，自2021年6月1日起施行。该法律共包括10章74条，涵盖了乡村振兴的多个方面。总体来说，《中华人民共和国乡村振兴促进法》的出台和实施，标志着我国乡村振兴事业进入了法治化、规范化的新阶段，为乡村振兴提供了全面的法律保障和政策支持，有助于推动乡村全面振兴和农业农村现代化进程。

2022年2月22日，中共中央、国务院发布了2022年中央一号文件，即《中共中央 国务院关于做好2022年全面推进乡村振兴重点工作的意见》。文件指出，要牢牢守住保障国家粮食安全和不发生规模性返贫两条底线，突出年度性任务、针对性举措、实效性导向，充分发挥农村基层党组织领导作用，扎实有序做好乡村发展、乡村建设、乡村治理重点工作，推动乡村振兴取得新进展、农业农村现代化迈出新步伐。

2022年3月5日，国务院总理李克强作政府工作报告，主张大力抓好农业生产，促进乡村全面振兴，体现了政府对"三农"问题的深切关注和对农村发展的高度重视。同时提出要完善和强化农业支持政策，接续推进脱贫地区发展，这不仅包括促进农业丰收、农民增收，还涵盖了加强粮食等重要农产品的稳产保供等内容。此外，也强调要启动乡村建设行动，通过加强基础设施建设等方式来提升乡村的整体环境和条件。

2022年5月23日，中共中央办公厅、国务院办公厅印发了《乡村建设行动实施方案》，并要求各地区、各部门结合实际认真贯彻落实。乡村建设是实施乡村振兴战略的重要任务，也是国家现代化建设的重要内容。该方案明确了乡村建设行动的路线图，旨在到2025年取得实质性进展，全面提升乡村宜居宜业水平。

2022年11月28日，中共中央办公厅、国务院办公厅印发《乡村振兴责任制实施办法》，就实行乡村振兴责任制的总体要求、落实乡村振兴部门责任、落实乡村振兴地方责任以及如何强化考核监督等方面作出规定，对全面推进乡村振兴落地见效具有重要意义。

2023年2月13日，中共中央、国务院发布了2023年中央一号文件，即《中共中央 国务院关于做好2023年全面推进乡村振兴重点工作的意见》。文件指出，做好2023年和今后一个时期"三农"工作，要坚持以习近平新时代中国特色社会主义思想为指导，全面贯彻落实党的二十大精神，深入贯彻落实习近平总书记关于"三农"工作的重要论述，坚持和加强党对"三农"工作的全面领导，坚持农业农村优先发展，坚持城乡融合发展，强化科技创新和制度创新，坚决守牢确保粮食安全、防止规模性返贫等底线，扎实推进乡村发展、乡村建设、乡村治理等重点工作，加快建设农业强国，建设宜居宜业和美乡村，为全面建设社会主义现代化国家开好局起好步打下坚实基础。

2024年2月3日，中共中央、国务院发布了2024年中央一号文件，即《中共中央 国务院关于学习运用"千村示范、万村整治"工程经验有力有效推进乡村全面振兴的意见》。文件指出，做好2024年及今后一个时期"三农"工作，要以习近平新时代中国特色社会主义思想为指导，全面贯彻落实党的二十大和二十届二中全会精神，深入贯彻落实习近平总书记关于"三农"工作的重要论述，坚持和加强党对"三农"工作的全面领导,锚定建设农业强国目标，以学习运用"千村示范、万村整治"工程经验为引领，以确保国家粮食安全、确保不发生规模性返贫为底线，以提升乡村产业发展水平、提升乡村建设水平、提升乡村治理水平为重点，强化科技和改革双轮驱动，强化农民增收举措，打好乡村全面振兴漂亮仗，绘就宜居宜业和美乡村新画卷，以加快农业农村现代化，更好地推进中国式现代化建设。

第三节 共同富裕与乡村振兴的内在联系

乡村振兴是实现共同富裕的必然之路。中国十四亿多人口，有五亿多人口在农村，农村经济的发展决定着我国经济发展的基础，是我国实现共同富裕的必然之路。共同富裕的重点在乡村，没有农村经济的发展和乡村的振兴，就难以实现真正的共同富裕和中华民族伟大复兴。

一、共同富裕与乡村振兴的关系

共同富裕与乡村振兴在政策内涵、目标、使命、原则和路径等方面都具有高度的一致性和协同性。它们共同构成了我国在新发展阶段推动农村经济社会全面发展、实现全体人民共同富裕和中华民族伟大复兴的重要战略支撑。

（一）共同富裕与乡村振兴具有一致的目标

"三农"问题是关系国计民生的根本性问题。在中国这样一个地域广阔、农村人口众多的农业大国中，"三农"问题不仅影响着经济的稳定发展，更关乎社会的和谐与稳定。因此，中国共产党始终将"三农"问题作为革命和建设的首要问题，通过一系列政策措施，不断推动农业农村的发展和改革。乡村振兴和共同富裕作为第二个百年的两大战略，其目标是一致的，即实现中华民族伟大复兴。乡村振兴旨在提升农村经济实力、改善农民生活品质、保护生态环境和促进乡村文明建设，为共同富裕奠定坚实基础。而共同富裕则强调全体人民的富裕和幸福，通过合理的经济政策、社会保障制度和文化发展策略，促进全社会的共同繁荣。两者相辅相成,共同推动中国社会的全面进步和发展。"三农"问题是实现中华民族伟大复兴这一宏伟目标最广泛、最深厚的基础。农业是国民经济的基础，农村是广阔的市场和劳动力资源的宝库，农民是推动经济社会发展的重要力量。只有解决好"三农"问题，才能稳住农业基本盘、守好"三农"基础，为应变局、开新局提供坚实的"压舱石"。同时，"三农"问题也是应对世界百年未有之大变局的关键所在。在全球经济一体化和国际贸易摩擦不断加剧的背景下，稳住农业、保障粮食安全、提升农村经济发展水平，对于维护国家安全和稳定具有重要意义。

总的来说，我国已经步入乡村振兴和共同富裕的融合推进阶段。共同富裕是乡村振兴的长期目标，乡村振兴是实现共同富裕的必经之路，二者在目标上是融合统一的，都是为了全面建设社会主义现代化国家，实现中华民族伟大复兴。

（二）共同富裕与乡村振兴具有相同的使命

中国共产党始终坚持人民主体地位，认为人民是历史的创造者和社会变革的推动力量。这一理念在中国共产党的执政实践中得到了充分体现。无论是乡村振兴还是共同富裕，其使命都是更好地满足人民的需求和期望，让人民成为改革发展的受益者。乡村振兴和共同富裕战略是中国共产党为实现人民美好生活而采取的具体行动。通过实施乡村振兴战略，中国共产党致力于提升农村经济社会发展水平，改善农村生活环境和公共服务，让农民群众享受到更好的教育、医疗、文化等公共服务。而共同富裕战略则强调在经济发展的同时，注重社会公平正义，让改革发展成果更多、更公平地惠及全体人民，特别是低收入群体和弱势群体。

中国共产党领导中国人民实施乡村振兴和共同富裕战略，秉持人民主体地位，顺应人民群众对美好生活的向往，不断实现好、维护好、发展好最广大人民的根本利益。这一理念和实践不仅体现了中国共产党的初心和使命，也为中国的经济社会发展注入了强大的动力和活力。

（三）共同富裕与乡村振兴坚持同样的原则

在经济社会发展中，增长与分配、效率与公平一直是重要的命题。在我国，由于地域辽阔、乡村广布，资源禀赋、产业基础和发展程度等存在显著差异，这使得在追求效率的同时，如何确保公平成了一个难题。资本的稀缺性和趋利性往往导致资源向效益高的地区和行业集中，从而加剧了地区之间和城乡之间的发展不平衡。党的十九大提出了乡村振兴战略，旨在通过推进乡村产业、人才、文化、生态和组织的全面振兴，补齐农村发展的短板，实现城乡融合发展。而中央财经委员会第十次会议又进一步提出在高质量发展中促进共同富裕，强调在保持经济

增长的同时，更加注重分配的公平性和社会的共同富裕。

乡村振兴和共同富裕两大战略的原则都是为了破解不平衡不充分的发展难题，实现效率与公平的统一。这两大战略不仅关注经济增长的速度和效率，更注重经济增长的质量和公平性。通过推进乡村振兴，可以缩小城乡发展差距，提高农村居民的生活水平和幸福感；而促进共同富裕则可以确保全体人民共享经济发展成果，实现社会公平和正义。

（四）共同富裕与乡村振兴实施一致的路径

乡村振兴和共同富裕的实现，需要生产和分配的协调统一，以及各种力量的共同发力。

乡村振兴和共同富裕的实现，首先需要在生产和分配上实现协调统一。生产是分配的基础，没有生产的发展，就没有可供分配的财富。因此，要大力发展乡村产业，提高农业生产效率，增加农民收入，为分配提供坚实的物质基础。同时，分配也是生产的重要激励因素，合理的分配制度可以激发农民的生产积极性，促进生产的持续发展。因此，要建立合理的收入分配制度，保障农民的合法权益，让农民在乡村振兴和共同富裕的过程中获得实实在在的利益。乡村振兴和共同富裕的实现，需要政府、市场、社会等各种力量的共同发力。政府要发挥引导作用，制定科学合理的政策，提供必要的公共服务和支持，为乡村振兴和共同富裕创造良好的环境。市场要发挥决定性作用，通过资源配置和价格机制，引导资本、技术、人才等要素向乡村流动，推动乡村产业的发展和升级。社会要发挥监督作用，加强社会组织和民间力量的参与，促进乡村社会的和谐稳定和公平正义。

此外，还需要注重发挥农民的主体作用，激发农民的内生动力。农民是乡村振兴和共同富裕的主体，只有农民积极参与并投身其中，才能实现乡村的全面振兴和农民的共同富裕。因此，要加强农民的教育和培训，提高农民的素质和技能水平，让农民成为乡村振兴和共同富裕的积极参与者和受益者。

二、共同富裕与乡村振兴的实现途径

共同富裕是社会主义的本质要求，体现了社会主义制度的优越性，也是人民群众的共同期盼。而乡村振兴是实现共同富裕的必经之路，只有乡村全面振兴，才能确保农民群众共享改革发展成果，缩小城乡差距，实现城乡融合发展。

在共同富裕与乡村振兴的实现途径方面，可以从促进农民收入增加、提升农业供给质量、提高城乡一体化水平等方面入手。促进农民收入增加是实现共同富裕的重要基础，要通过发展乡村产业、拓宽农民增收渠道、提高农民就业技能等方式，增加农民收入来源。提升农业供给质量是满足人民群众对美好生活向往的必然要求，要优化农业产品结构，提高农产品品质和附加值，增强农业市场竞争力。提高城乡一体化水平是实现乡村振兴和共同富裕的必由之路，要推动城乡基础设施互联互通、公共服务共建共享、产业融合发展，形成工农互促、城乡互补、全面融合、共同繁荣的新型工农城乡关系。

（一）促进农民收入增加

在推动乡村振兴、实现共同富裕的过程中，促进农业稳定发展和农民增收是核心环节。这一目标的实现，需要以新发展理念为引领，注重创新、协调、绿色、开放、共享的发展原则，切实提高农民收入水平，进而促进全体人民的共同富裕。

农业稳定发展是实现农民增收和共同富裕的基础。要加强农业科技创新，提高农业生产效率和农产品质量。同时，要加强农业市场体系建设，完善农产品流通体系，提高农产品的市场竞争力。此外，还要加强农业风险防控，建立健全农业保险制度，降低农业生产的风险和损失。农民收入水平的提高是实现共同富裕的关键。要通过发展乡村产业、拓宽农民增收渠道、提高农民就业技能等方式，增加农民收入来源。同时，要加强农村基础设施建设，改善农村生产生活条件，降低农民生产生活成本。此外，还要完善农村社会保障体系，提高农民的社会保障水平，让农民群众在乡村振兴和共同富裕的过程中有更多的获得感和幸福感。

（二）提升农业供给质量

如前所述，农民收入水平的提高是实现共同富裕的关键，而实现农民收入增加的关键是完善农业发展基础、提升农业供给质量、加快农业现代化进程。

农业是关系老百姓饭碗和亿万农民生计的基础产业和民生产业。现阶段我国在农业发展方面还存在很多不足之处，必须加大农业供给质量的提升力度，进一步完善农业发展基础。在这一过程中，要扎实推进粮食生产功能区和重要农产品生产保护区建设，不断提高粮食产量，把中国人的饭碗牢牢端在自己手中；要稳定种粮农民补贴，切实保证农民种粮有合理收益，提高农民种粮积极性；要进一步优化农业结构，推动品种培优、品质提升、品牌打造和标准化生产，深入推进优质粮食工程，切实提高农产品供给质量；要加快构建现代养殖体系，全面提高农业产业化经营水平；要优化农产品贸易布局，实施农产品进口多元化战略，支持企业融入全球农产品供应链，向农产品价值链高端迈进；要开展粮食节约行动，依法依规厉行粮食节约，减少生产、流通、加工、存储、消费环节的粮食损耗；要加强农业种质资源保护开发利用，有序推进生物育种产业化应用，切实加强育种领域知识产权保护；坚决守住18亿亩耕地红线，统筹布局生态、农业、城镇等功能空间，科学划定各类空间管控边界，严格实行土地用途管制，落实最严格的耕地保护制度；构建现代乡村产业体系，打造农业全产业链，加快健全现代农业全产业链标准体系；推进现代农业经营体系建设，发展壮大农业专业化社会化服务组织，支持农业产业化龙头企业创新发展、做大做强。

（三）推动城乡一体化建设

推进城乡发展一体化是我国现代化进程中的重要一环，它不仅关乎农民的全面发展，也是农业农村全面进步的基础。首先要加快推进村庄规划，村庄规划是乡村振兴的基础，必须注重保护传统村落、传统民居和历史文化名村名镇。在规划过程中，应充分尊重农民意愿，发挥农民主体作用，确保规划的科学性和实用性。同时，要注重将现代元素融入传统风貌，使乡村既保留独特的民族特色，又富有鲜明的时代气息。其次要提升公共基础设施建设和公共服务的智能化水平，随着科技的不断发展，智能化已经成为提升公共基础设施建设和公共服务水平的重要途径。应加快推进公共基础设施往村覆盖、往户延伸，确保农民群众能够享受到便捷、高效的公共服务。同时，要积极实施数字乡村建设发展工程，利用现代信息技术手段，提高乡村治理的智能化水平。再次要实现城乡基本公共服务均等化，城乡基本公共服务均等化是推进城乡发展一体化的重要内容。应把社会事业发展重点放在农村，加大投入力度，提高农村基本公共服务水平。同时，要推进城乡

第一章
共同富裕与乡村振兴

基本公共服务标准统一、制度并轨,确保农民群众能够享受到与城市居民同等的基本公共服务。然后要深入推进村庄清洁和绿化行动,绿色发展是推进城乡发展一体化的必然要求。应深入推进村庄清洁和绿化行动,加强农村环境整治和生态保护,增强农民群众的环保意识和提高他们的参与度。同时,要加大农村面源污染防治力度,建立健全人居环境建设的制度规范,加快美丽乡村建设步伐。最后要强化县域作为城乡融合发展的重要切入点,应破除城乡分割的体制弊端,强化县城综合服务能力,把乡镇建设成为服务农民的区域中心。同时,要推动城乡产业协同发展,促进城乡要素平等交换和双向流动,为推进城乡发展一体化提供有力支撑。

三、新型农村集体经济赋能共同富裕与乡村振兴

党的二十大报告明确提出,我们坚持把实现人民对美好生活的向往作为现代化建设的出发点和落脚点,着力维护和促进社会公平正义,着力促进全体人民共同富裕,坚决防止两极分化。要实现全体人民共同富裕,重点在农村,难点是农民。习近平总书记在中央财经委员会第十次会议上就强调"要促进农民农村共同富裕"。

(一)理论逻辑

新型农村集体经济是实现农民农村共同富裕的物质基础。我国是社会主义国家,坚持公有制为主体是社会主义基本经济制度的重要内容。新型农村集体经济是生产资料归一部分劳动者共同所有的一种公有制经济。不断壮大和发展新型农村集体经济,有利于整合集中农村资源,激活要素潜力;有助于保障农民财产权益,实现民主管理;有益于统筹协调,夯实农民农村共同富裕的经济基础。

新型农村集体经济是实现农民农村共同富裕的主要载体。农村集体资产是新型农村集体经济的重要体现,在促进农民农村共同富裕方面具有重要作用。能否有效盘活集体资产关系到集体经济能不能持续发展壮大,关系到集体福利与成员增收兼顾的收益分配原则能否落实,关系到强村带弱村、集体带成员、先富带后富能否成功。

新型农村集体经济是实现农民农村共同富裕的根本保障。当前，新型农村集体经济已经成为适应我国农村经济生产方式、劳动力结构调整、公共产品供给等方面重大变化，促进农民农村共同富裕的根本保证。不管是由于农民骨子里的自给自足意愿，还是由于农民本身财力单薄的原因，仅仅通过农民单干，要想实现先富带后富并最终走向共同富裕是非常困难的。可以说，有了新型农村集体经济的不断发展壮大，农民农村共同富裕才有了根本保障。

（二）政治逻辑

发展壮大新型农村集体经济，助推农民农村共同富裕，体现了马克思主义的根本立场。共同富裕是马克思主义理论的一个基本问题，我们所要实现的共同富裕是包括所有农民在内的全体人民的共同富裕，而要推进农民农村共同富裕也正是以人民为中心理念的充分彰显。新型农村集体经济把分散的农民组织起来，是农民利益的新型结合体，它的发展所需取之于民，发展成果也自然用之于民、造福于民，是农民走向共同富裕的主心骨。

发展壮大新型农村集体经济，助推农民农村共同富裕，是践行党的奋斗目标的重要举措。我们党的奋斗目标是实现全体人民共同富裕，这是对人民作出的庄严承诺。邓小平同志提出，社会主义的本质是"解放和发展生产力、消灭剥削、消除两极分化，最终达到共同富裕"。习近平总书记指出，促进共同富裕，最艰巨最繁重的任务仍然在农村。这就要求我们，"把好乡村振兴战略的政治方向，坚持农村土地集体所有制性质，发展新型集体经济，走共同富裕道路"。

发展壮大新型农村集体经济，助推农民农村共同富裕，是落实乡村振兴战略的重要举措。《中共中央 国务院关于实施乡村振兴战略的意见》明确要求"把维护农民群众根本利益、促进农民共同富裕作为出发点和落脚点，促进农民持续增收，不断提升农民的获得感、幸福感、安全感"，提出"维护村民委员会、农村集体经济组织、农村合作经济组织的特别法人地位和权利"。这进一步表明农民农村共同富裕和新型农村集体经济在乡村振兴战略中的重要地位。

（三）实践逻辑

发展壮大新型农村集体经济，促进农民农村共同富裕，要依靠基层党组织的引领。基层党组织有没有号召力，广大农民听不听党的话，取决于它能不能给农民带来幸福；基层党组织有没有凝聚力，广大农民跟不跟党走，取决于它能不能给群众带来致富的希望。以党建为引领，繁荣和壮大新型农村集体经济，使村集体领导想农民之所想，行农民之所嘱，始终把农民的利益放在心上、扛在肩上，是我们的一条重要实践经验，也是实现共同富裕的必由之路。

发展壮大新型农村集体经济，促进农民农村共同富裕，要依靠大市场。与大市场有机衔接是新型农村集体经济有效实现的重要形式和生成机制，也是发展和壮大新型农村集体经济的重要实践经验。只有充分尊重市场、利用市场，推动新型农村集体经济市场化改革，才可以有效激活其市场动能，成为带动农民发家致富、实现共同富裕的关键纽带。

发展壮大新型农村集体经济，促进农民农村共同富裕，要依靠现代化。在新时代，新发展理念、新发展格局和实践基础的积累为农村经济现代化转型及新型农村集体经济发展提供了全新的历史契机。新型农村集体经济本身就是中国农业农村现代化的产物，也只有依靠现代化，才能发展壮大，增强实力，才能更好地助推农民增收致富，实现共同富裕。

（四）具体途径

完善村级集体经济发展扶持政策。一是不断优化村集体资产补贴政策，包括购机优惠、土地流转优惠、信贷优惠、税收优惠、设施优惠等，以提高集体经济收入的规模和稳定性。二是鼓励新型农村集体经济组织打破地域界限，开展镇村联合或村村联合，发展"飞地经济"，实现抱团发展，这样既能节约集体资源，发挥集聚效应，又能防止"村村点火、处处冒烟"的"零打碎敲"。三是继续强化经济薄弱村精准扶持政策，一方面，支持经济薄弱村进一步拓展新型农村集体经济发展思路，明确发展原则，制定发展实施方案；另一方面，帮助经济薄弱村构建村级集体经济发展载体，如以财政为主出资建设经济薄弱村新型集体经济组织用房等集体设施，以减少集体经济发展成本。

充分释放改革发展动能。一是以发展多种形式的合作与联合为纽带，以开展清产核资、选准发展产业、培育承接主体、开展股份合作、推进项目建设、实施收益分配为重点环节，推进村集体闲置房屋、设备等资产，以及土地、林地、水域等集体资源进入市场交易，实现集体资产保值增值。二是鼓励有条件的地区整

合集体自有发展资金和各类涉农财政资金，并通过资本运作、资金入股等方式，推动集体资金、资产和资源统一经营使用，变闲置资产为有效经营资产，确保集体经济组织按分配比例获得长期稳定收益。三是尊重农民主体地位，积极创新农民与新型农村集体经济组织之间的利益联结机制，引导农民通过入股、合资、合作等多种形式参与集体经济发展，有效拓宽农民增收渠道。

积极盘活农村集体资产。一是依托数字赋能盘活集体资产。要建立健全农村集体资产管理信息系统，实现省、市、县、镇、村五级实时查看资产使用情况；通过对村集体资源进行清查、登记、赋码，实施数字赋能图码管控，盘活"沉睡资源"。二是依托主体支撑盘活集体资产。要完善新型农村集体经济治理结构，积极培育资产盘活的实施主体，推进新型农村集体经济组织出资设立"强村富民公司"或"联村富民公司"，以提高市场应对能力。三是依托政策创新盘活集体资产。要拓宽新型农村集体经济发展路径，科学制定促进新型农村集体经济发展的土地政策、财税政策等，积极推进农村集体经济组织市场化运行机制改革，指导农村集体经济组织搭建盘活集体资产平台公司。

大力发展融合经济。一是鼓励新型农村集体经济组织聚集资源要素，统筹利用乡村空间资源、特色产业资源和地域文化资源，强化项目支撑，加强示范引导，推动农业农村与信息、旅游、文化、康养、餐饮等产业深度融合，共同发展。二是支持有条件的新型农村集体经济组织拓展现代农业功能，通过打造田园风光、乡村土特产品超市、乡村文化风俗演艺等带动资源、要素、技术、市场需求在农村的整合集成和优化重组。三是鼓励农村集体经济组织牵头利用农村电子商务平台，打造集体经济发展知名品牌，发展产地直销、网络直销等新型流通业态，进一步降低流通成本，推动农村一二三产业与电子商务融合发展。

第四节 农民工返乡创业对共同富裕与乡村振兴的促进作用

党的二十大报告指出："中国式现代化是全体人民共同富裕的现代化。"共同富裕是中国特色社会主义的本质要求，也是一个长期的历史过程。2021年2月25日全国脱贫攻坚总结表彰大会举行，我国脱贫攻坚战取得了全面胜利，同年12月8—10日召开的中央经济工作会议提出了当前必须正确认识和把握的五个新的重大理论和实践问题，其中就以共同富裕为首。那么共同富裕对我国的乡村振兴意味着什么？如前文所述，乡村振兴与共同富裕的目标一致性、使命共同性、原则统一性、路径趋同性，决定了脱贫攻坚、全面建成小康社会的第一个百年奋斗目标实现后，实施乡村振兴、扎实推动共同富裕实现成为第二个百年奋斗的重要内容。乡村的共同富裕需要通过乡村振兴来实现，而返乡创业农民工是乡村建设的一支重要力量，鼓励农民工返乡创业，是推动乡村振兴的一个重要方法。

早在2015年，国务院发布《关于支持农民工等人员返乡创业的意见》（国办发〔2015〕47号），其中提出了落实定向减税和普遍性降费政策、加大财政支持力度等政策措施。同时，为贯彻落实该意见精神，自2015年以来，国家发展改革委会同有关部门分三批组织341个返乡创业试点县（市、区）开展支持农民工等人员返乡创业试点工作。

一、农民工返乡创业的含义

农民工是指户籍仍在农村，一年内在本地从事非农产业或外出从业6个月及以上的劳动者。农民工是中国在特殊历史时期，由于城乡二元体制而形成的独特社会群体。这一群体的出现，与中国的经济发展、城市化进程以及农村剩余劳动力的转移密切相关。广义农民工包括两部分人，一部分是在本地乡镇企业就业的农村劳动力（离土不离乡），另一部分是外出进入城镇从事二、三产业的农村劳动力（离土又离乡）。其特点是：该人群虽然身份上仍属于农民，但已全部或部分脱离了传统的农业生产活动，转而从事非农产业。狭义农民工主要指外出进入城镇从事二、三产业的农村劳动力（离土又离乡）。其特点是该人群通常背井离乡，到城市中寻找更好的就业机会和生活条件，是农民工群体中最具流动性和代表性的部分。

农民工返乡创业一般理解为曾经离开过本县（市、区）、乡、镇、村半年以上的农村劳动者，回到本县（市、区）、乡、镇、村后，取得当地政府部门颁发的工商营业执照并且正在进行生产经营活动的创业者，如开展种植业、养殖业、住宿餐饮业、批发零售业、制造业等。

二、农民工返乡创业对共同富裕与乡村振兴的促进作用

农民工返乡创业开创了农村劳动力转移的新模式，并对解决"三农"问题产生了深远的影响。长期以来，"三农"问题一直是中国现代化进程和社会经济协调发展的制约因素。其中，农村剩余劳动力的转移是"三农"问题的核心之一。传统上，农村剩余劳动力主要通过向城市转移来寻求更好的就业机会和生活条件。而农民工返乡创业打破了这一单向流动的模式，为农村劳动力转移提供了新的路径。它不仅能够促进农民的充分就业，提高农民收入水平，还有助于推动农村经济的发展和社会的全面进步。

现有研究表明，农民工返乡创业不仅能够为返乡人员提供就业机会和收入来源，也能够为乡村经济社会发展注入新的活力和动力。返乡农民工在当代中国农村发展中扮演着多重角色，他们既是政策的直接受益者，也是推动共同富裕与乡村振兴不可或缺的重要力量。返乡农民工通过政策扶持，如创业补贴、技能培训、税收减免等，获得了实实在在的好处。同时，他们也将这些政策红利转化为推动乡村发展的实际行动，成为乡村振兴的重要建设力量。返乡农民工在城市生活和工作期间，吸收了先进的观念和技术，这些新观念和新技术的引入，为乡村经济社会的发展带来了新的活力。他们不仅推动了乡村产业结构的优化升级，还促进了乡村社会治理的现代化。返乡农民工利用在城市积累的

技术资本和资金资本,进行生产与组织模式的创新,通过创业实现了自我就业,并带动了周边村民的就业。这不仅解决了农村剩余劳动力的就业问题,还提高了农民的收入水平,促进了乡村经济的繁荣。返乡农民工是优质的人力资本,他们携带的物质资本和人力资本为乡村发展提供了重要的支撑。他们的回流实现了生产要素在城乡以及区域之间的自由流动,有助于缩小区域发展差距和不同阶层之间的收入差距,推动共同富裕目标的实现。同时,共同富裕和乡村振兴作为农村发展的新动能,为乡村产业转型升级注入了新理念。这些新理念有效激活了乡村的各项资源要素,加速了物质资源、人力资源、社会资源向乡村的流动。这为返乡农民工创业提供了更加广阔的空间和更加坚实的物质基础,提升了他们创业的目标和动力。

(一)农民工返乡创业促进了城乡生产要素流动

返乡农民工创业促进了劳动力、资本、技术等生产要素在城乡之间的流动。他们携带在城市积累的资金、技术和管理经验回到农村,为乡村发展注入了新的活力。这种流动有助于打破城乡二元结构的壁垒,实现资源的优化配置。通过创业活动,返乡农民工加强了城乡之间的经济联系,推动了市场体系的一体化进程。这有助于缩小城乡差距,促进城乡协调发展。

(二)农民工返乡创业提升了乡村社会治理水平

在乡村社会治理中,地方政府常面临制度成本和执行成本高昂的挑战,这往往导致治理效果不佳。积极引导返乡农民工参与乡村自治,为这一难题提供了有效的解决方案。返乡农民工群体具有独特的优势,他们在外务工的经历和在发达地区创业的经验,使他们积累了丰富的管理和经营知识。这些知识和技能是他们在外闯荡获得的宝贵财富,因此他们也是未来乡村振兴不可或缺的重要人力资源。当这些农民工返乡创业时,他们不仅将资金和技术带回乡村,更将先进的管理理念和方法融入乡村社会治理中。此外,返乡农民工对乡村有着深厚的感情和归属感。他们了解乡村的实际情况,关心乡村的发展,愿意为乡村的建设和发展出谋划策。这种浓厚的乡土情怀使他们成为乡村社会治理中的积极力量,他们愿意投入时间和精力,参与乡村事务的管理和决策,为乡村的繁荣贡献自己的力量。返乡农民工参与乡村自治,不仅能够有效弥补乡村社会治理方面的缺失，还能够降低政府进行乡村社会治理的成本。他们可以利用自身的优势，协助政府推动乡村经济的发展，提高乡村居民的生活水平，从而增强乡村社会的凝聚力和稳定性。同时，他们的参与还能够促进乡村民主化进程，推动乡村社会治理的创新和发展。

（三）农民工返乡创业推进了新型职业农民培育

农民工返乡创业在推动新型职业农民培育方面发挥了重要作用。返乡农民工在城市中接触到了更广阔的市场和更先进的理念，他们可以将这些信息带回乡村，与乡村农民分享，从而在一定程度上解决乡村农民与城市市场之间的信息不对称问题。这有助于乡村农民更好地了解市场需求，调整农业生产结构，提高农业生产效益。与传统的职业培训相比，以返乡农民工为纽带的新型职业农民培育方式可以降低学习成本。返乡农民工可以将自己在城市中积累的经验和技能直接传授给乡村农民，这种"传帮带"的方式既高效又实用。返乡农民工创业后，往往会选择发展现代农业，如特色种植、养殖、农产品加工等。他们的创业活动不仅为乡村经济带来了新的增长点，还为新型职业农民的培育提供了实践平台。乡村农民可以通过参与返乡农民工的创业项目，学习现代农业技术和管理经验，逐渐成长为新型职业农民。

（四）农民工返乡创业加快了农业供给侧结构性改革

在共同富裕和乡村振兴的大背景下，农业供给侧结构性改革是推动农业现代化、提升农业竞争力的关键举措。而返乡农民工创业作为一股新兴的农村发展力量，与农业供给侧结构性改革紧密相连。返乡农民工将城市中的先进技术、管理理念和市场需求带回农村，为农业供给侧结构性改革注入了新的活力。一是优化农业产业结构。返乡农民工创业往往选择发展特色农业、绿色农业等现代农业产业，这有助于优化农业产业结构，减少低端供给，增加高端供给，满足市场对优质农产品的需求。二是提高农业生产效率。返乡农民工将城市中的先进技术和管理理念应用于农业生产中，如智能化、机械化、信息化等，提高了农业生产效率，降低了生产成本，增强了农业竞争力。三是推动农业品牌建设。返乡农民工创业注重品牌建设，通过打造农产品品牌，提升农产品附加值，增强了农业的市场竞争力。同时，品牌建设也有助于推动农业产业链的延伸和升级。四是促进农村一二三产业融合。返乡农民工创业不仅限于农业生产领域，还涉及农产品加工、乡村旅游、农村电商等多个领域，促进了农村一二三产业的融合发展，为农业供给侧结构性改革提供了更广阔的空间。

三、有效发挥农民工返乡创业对乡村发展的助推作用

农民工返乡创业能够积极推动共同富裕和乡村振兴，因此要充分发挥返乡创业的作用。抓好政策激励农民工返乡创业、抓好服务扶持农民工返乡创业、抓好示范带动农民工返乡创业，有效将农民工返乡创业打造成推动乡村全面振兴的"新引擎"。

（一）抓好政策激励农民工返乡创业

抓好政策，优化返乡创业的外部环境。完善政策体系、政策落实是激发返乡创业活力的外部环境。要加大政策宣传力度，让更多的返乡人员了解和享受国家和地方出台的各项优惠政策，如税收减免、贷款贴息、场地补贴、社保补贴等。要加强政策协调和整合，形成政策合力，解决返乡创业过程中遇到的各种困难和问题，如土地流转、资金筹集、项目审批等。要加强政策监督和评估，及时总结经验和教训，不断完善和优化政策措施，提高政策的针对性和有效性。

（二）抓好服务扶持农民工返乡创业

抓好服务，完善返乡创业的内部条件。提供优质服务、有效扶持是保障返乡创业顺利进行的内部条件。要加强对返乡创业者的培训和指导，通过线上线下相结合的方式，提供创业知识、技能、法律等方面的培训，提高他们的创业能力和水平。要加强对返乡创业项目的孵化和推广，通过建立创业孵化基地、创业园区、创业示范点等平台，为返乡创业者提供场地、设备、技术等支持，帮助他们将创意转化为产品，将产品推向市场。要加强对返乡创业者的关怀和鼓励，通过建立健全激励机制，表彰奖励优秀的返乡创业者和项目，营造良好的创业氛围和文化。

（三）抓好示范带动农民工返乡创业

抓好示范，放大返乡创业的"辐射效应"。树立典型示范、形成带动效应是扩大返乡创业影响力的"辐射效应"。要加强对成功的返乡创业者和项目的宣传和推介，通过各种媒体手段和活动形式，讲好他们的故事、展示他们的成果、树立他们的榜样。要加强对有潜力的返乡创业者和项目的培育和扶植，通过结对帮

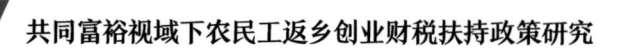

扶、联合发展、合作共赢等方式，帮助他们解决发展中的困难和问题，提升他们的发展水平和规模。要加强对有需求的返乡创业者和项目的对接和服务，通过建立信息平台、组织交流会、开展合作洽谈等途径，促进返乡创业者与政府部门、金融机构、市场主体等的沟通和合作，拓展他们的发展空间和机会。

第二章

共同富裕视域下返乡创业财税政策

在全面推进乡村振兴、实现共同富裕的道路上，国家、省、市等各级政府部门相继出台了配套政策扶持农民工返乡创业，财税扶持政策就是其中之一。本章对相关财税扶持政策进行梳理，从国家（部委）、浙江省及相关市、县（市、区）政策三个层面进行，重点讲述农民工返乡创业可享受的财税扶持政策。自 2015 年以来，国家层面连续出台了多个鼓励和支持创新创业的政策，在国家政策的指导下，浙江省以及纳入返乡创业试点的 7 个县市区也出台了众多鼓励和扶持农民工返乡创业的财税政策。

第一节 国家（部委）返乡创业财税政策

本节对 2015—2022 年国家（部委）出台的农民工返乡创业可享受的部分财税政策进行了梳理，列举了部分重要政策。

一、国务院发布的相关政策

自 2014 年"大众创业、万众创新"提出以来，国务院陆续发布了多个支持就业创业的文件，见表 2-1。

表 2-1 国务院发布的返乡创业相关财税扶持政策（2015—2022 年）

序号	政策名称	政策文号
1	关于进一步做好新形势下就业创业工作的意见	国发〔2015〕23 号

续表

序号	政策名称	政策文号
2	关于大力推进大众创业万众创新若干政策措施的意见	国发〔2015〕32号
3	关于加快构建大众创业万众创新支撑平台的指导意见	国发〔2015〕53号
4	关于做好当前和今后一段时期就业创业工作意见	国发〔2017〕28号
5	关于强化实施创新驱动发展战略进一步推进大众创业万众创新深入发展的意见	国发〔2017〕37号
6	关于推动创新创业高质量发展打造"双创"升级版的意见	国发〔2018〕32号

《关于进一步做好新形势下就业创业工作的意见》（国发〔2015〕23号）指出，大众创业、万众创新是富民之道、强国之举，有利于产业、企业、分配等多方面结构优化。面对就业压力加大形势，必须着力培育大众创业、万众创新的新引擎，实施更加积极的就业政策，把创业和就业结合起来，以创业创新带动就业，催生经济社会发展新动力，为促进民生改善、经济结构调整和社会和谐稳定提供新动能。从深入实施就业优先战略、积极推进创业带动就业、统筹推进高校毕业生等重点群体就业、加强就业创业服务和职业培训、强化组织领导五个方面就进一步做好就业创业工作提出了相关意见。

《关于大力推进大众创业万众创新若干政策措施的意见》（国发〔2015〕32号）是由国务院发布的一项重要文件，旨在通过一系列政策措施，推进大众创业、万众创新，激发市场活力和社会创造力。该文件对于稳增长、扩就业、激发亿万群众智慧和创造力，促进社会纵向流动、公平正义具有重要意义，是富民之道、公平之计、强国之策。总体思路是按照"四个全面"战略布局，坚持改革推动，加快实施创新驱动发展战略，充分发挥市场在资源配置中的决定性作用和更好地发挥政府作用。主要政策措施具体为，一是完善公平竞争市场环境，进一步转变政府职能，增加公共产品和服务供给，为创业者提供更多机会。逐步清理并废除妨碍创业发展的制度和规定，打破地方保护主义。加快出台公平竞争审查制度，建立统一透明、有序规范的市场环境。二是深化商事制度改革，加快实施工商营业执照、组织机构代码证、税务登记证"三证合一""一照一码"，落实"先照后证"改革，推进全程电子化登记和电子营业执照应用。支持各地结合实际放宽新注册企业场所登记条件限制，推动"一址多照"、集群注册等住所登记改革。三是加强创业知识产权保护，研究商业模式等新形态创新成果的知识产权保护办法。积极推进知识产权交易，加快建立全国知识产权运营公共服务平台。完善知识产权快速维权与维权援助机制。四是健全创业人才培养与流动机制，把创业精神培育和创业素质教育纳入国民教育体系。加强创业导师队伍建设，提高创业服务水平。加快推进社会保障制度改革，破除人才自由流动制度障碍。五是加大财政资金支持和统筹力度，各级财政要根据创业创新需要，统筹安排各类支持小微企业和创业创新的资金。支持有条件的地方政府设立创业基金。六是完善普惠性税收措施，落实扶持小微企业发展的各项税收优惠政策。对符合条件的众创空间等新型孵化机构适用科技企业孵化器税收优惠政策。同时还包括支持科研人员创业、支持大学生创业、支持境外人才来华创业、支持电子商务向基层延伸、完善基层创业支撑服务、加强组织领导、加强政策协调联动和加强政策落实情况督查等其他措施。

《关于加快构建大众创业万众创新支撑平台的指导意见》（国发〔2015〕53号）就加快构建大众创业万众创新支撑平台，推进众创、众包、众扶、众筹等大众创业万众创新支撑平台持续健康发展提出了相关意见。其中指出要优化政策扶持，构建持续发展环境。由财政部、发展改革委、科技部、工业和信息化部、商务部、质检总局等负责落实财政支持政策，创新财政科技专项资金支持方式，支持符合条件的企业通过众创、众包等方式开展相关科技活动。充分发挥国家新兴产业创业投资引导基金、国家中小企业发展基金等政策性基金作用，引导社会资源支持四众加快发展。降低对实体营业场所、固定资产投入等硬性指标的要求，将对线下实体众创空间的财政扶持政策惠及网络众创空间。加大中小企业专项资金对小微企业创业基地建设的支持力度。大力推进小微企业公共服务平台和创业基地建设，加大政府购买服务力度，为采用四众模式的小微企业免费提供管理指导、技能培训、市场开拓、标准咨询、检验检测认证等服务。由财政部、税务总局牵头负责实行适用税收政策，加快推广使用电子发票，支持四众平台企业和采用众包模式的中小微企业及个体经营者按规定开具电子发票，并允许将电子发票作为报销凭证。对于业务规模较小、处于初创期的从业机构符合现行小微企业税收优惠政策条件的，可按规定享受税收优惠政策。

《关于做好当前和今后一段时期就业创业工作的意见》(国发〔2017〕28号)从坚持实施就业优先战略、支持新就业形态发展、促进以创业带动就业、抓好重点群体就业创业、强化教育培训和就业创业服务、切实加强组织实施六个方面对进一步做好就业创业工作提出了相关意见。

《关于强化实施创新驱动发展战略进一步推进大众创业万众创新深入发展的意见》(国发〔2017〕37号)为我国创新创业生态的发展提供了全面的指导和政策支持。该意见旨在通过系统性的政策支持和环境优化,推动大众创业、万众创新深入发展,以创新驱动发展战略为引领,促进我国经济的持续健康发展。

《关于推动创新创业高质量发展打造"双创"升级版的意见》(国发〔2018〕32号)提出了一系列旨在推动创新创业高质量发展、打造"双创"升级版的政策措施。该意见通过加大财税政策支持力度和持续推进创业带动就业能力升级等措施,为创新创业高质量发展提供了有力保障。这些政策措施的实施将有助于激发市场活力和社会创造力,推动形成线上线下结合、产学研用协同、大中小企业融合的创新创业格局,为加快培育发展新动能、实现更充分就业和经济高质量发展提供坚实保障。

二、国务院办公厅发布的相关政策

随着国务院支持就业创业相关文件的发布,国务院办公厅自2015年开始也陆续发布了多个推进创新创业的相关文件,见表2-2。

表2-2 国务院办公厅发布的返乡创业相关财税扶持政策(2015—2022年)

序号	政策名称	政策文号
1	关于发展众创空间推进大众创新创业的指导意见	国办发〔2015〕9号
2	关于支持农民工等人员返乡创业的意见	国办发〔2015〕47号
3	关于支持返乡下乡人员创业创新促进农村一二三产业融合发展的意见	国办发〔2016〕84号
4	关于推广支持创新相关改革举措的通知	国办发〔2017〕80号
5	关于进一步做好高校毕业生等青年就业创业工作的通知	国办发〔2022〕13号

《关于发展众创空间推进大众创新创业的指导意见》(国办发〔2015〕9号)

是为了加快实施创新驱动发展战略、推动大众创新创业而出台的重要政策文件。该指导意见通过降低创新创业门槛、加强财政资金引导、完善创业投融资机制等措施，为众创空间等新型创业服务平台的发展提供了有力支持，营造了良好的创新创业生态环境。这些政策措施的实施有助于激发亿万群众的创造活力，打造经济发展新引擎，推动我国经济持续健康发展。

《关于支持农民工等人员返乡创业的意见》（国办发〔2015〕47号）对于为进一步做好农民工等人员返乡创业工作提出了相关意见。在主要任务方面提出要促进产业转移带动返乡创业、推动输出地产业升级带动返乡创业、鼓励输出地资源嫁接输入地市场带动返乡创业、引导一二三产业融合发展带动返乡创业、支持新型农业经营主体发展带动返乡创业。在健全基础设施和创业服务体系方面提出要加强基层服务平台和互联网创业线上线下基础设施建设、依托存量资源整合发展农民工返乡创业园、强化返乡农民工等人员创业培训工作、完善农民工等人员返乡创业公共服务、改善返乡创业市场中介服务、引导返乡创业与万众创新对接。在政策措施方面提出要降低返乡创业门槛、落实定向减税和普遍性降费政策、加大财政支持力度、强化返乡创业金融服务、完善返乡创业园支持政策。

《关于支持返乡下乡人员创业创新促进农村一二三产业融合发展的意见》（国办发〔2016〕84号）是在《国务院办公厅关于支持农民工等人员返乡创业的意见》（国办发〔2015〕47号）和《国务院办公厅关于推进农村一二三产业融合发展的指导意见》（国办发〔2015〕93号）的基础上，为进一步细化和完善扶持政策措施，鼓励和支持返乡下乡人员创业创新提出了多个政策措施。其中指出要加大财政支持力度，加快将现有财政政策措施向返乡下乡人员创业创新拓展，将符合条件的返乡下乡人员创业创新项目纳入强农惠农富农政策范围。新型职业农民培育、农村一二三产业融合发展、农业生产全程社会化服务、农产品加工、农村信息化建设等各类财政支农项目和产业基金，要将符合条件的返乡下乡人员纳入扶持范围，采取以奖代补、先建后补、政府购买服务等方式予以积极支持。大学生、留学回国人员、科技人员、青年、妇女等人员创业的财政支持政策，要向返乡下乡人员创业创新延伸覆盖。把返乡下乡人员开展农业适度规模经营所需贷款纳入全国农业信贷担保体系。切实落实好定向减税和普遍性降费政策。

《关于推广支持创新相关改革举措的通知》(国办发〔2017〕80号)在科技金融创新、创新创业政策环境等方面提出了改革举措,目的在于进一步加大支持创新的力度,营造有利于大众创业、万众创新的制度环境和公平竞争的市场环境,为创新发展提供更加优质的服务。

《关于进一步做好高校毕业生等青年就业创业工作的通知》(国办发〔2022〕13号)是国务院办公厅于2022年印发的一项重要通知,旨在进一步做好高校毕业生等青年就业创业工作。该《通知》提出,通过多渠道开发就业岗位、强化就业服务、维护就业权益等措施,促进高校毕业生等青年就业创业,确保就业局势总体稳定。

三、财政部、国家税务总局等部门发布的相关政策

国务院及国务院办公厅发布的相关政策,其政策面比较广,从多个角度对创新创业进行支持和帮扶。而对于返乡创业具体的财税政策多是由财政部、国家税务总局等部门发布的,主要包括财税类文件及公告类文件等。

(一)财税类文件

支持返乡创业的财税类文件见表2-3。

表2-3 财政部、国家税务总局等部门发布的返乡创业财税类文件(2015—2022年)

序号	政策名称	政策文号
1	财政部 税务总局 人力资源社会保障部关于继续实施支持和促进重点群体创业就业有关税收政策的通知	财税〔2017〕49号
2	关于延续小微企业增值税政策的通知	财税〔2017〕76号
3	财政部 税务总局关于支持小微企业融资有关税收政策的通知	财税〔2017〕77号
4	财政部 税务总局关于对营业账簿减免印花税的通知	财税〔2018〕50号
5	财政部 税务总局关于进一步扩大小型微利企业所得税优惠政策范围的通知	财税〔2018〕77号
6	财政部 税务总局关于金融机构小微企业贷款利息收入免征增值税政策的通知	财税〔2018〕91号
7	财政部 人力资源社会保障部 中国人民银行关于进一步做好创业担保贷款财政贴息工作的通知	财金〔2018〕22号

续表

序号	政策名称	政策文号
8	财政部 税务总局关于实施小微企业普惠性税收减免政策的通知	财税〔2019〕13号
9	财政部 税务总局 人力资源社会保障部 国务院扶贫办关于进一步支持和促进重点群体创业就业有关税收政策的通知	财税〔2019〕22号

《财政部 税务总局 人力资源社会保障部关于继续实施支持和促进重点群体创业就业有关税收政策的通知》（财税〔2017〕49号）为支持和促进重点群体的创业就业提供了税收优惠政策。对自主创业人员和企业吸纳失业人员分别提出了相应的税收优惠政策。总的来说，既支持了自主创业人员的发展，又鼓励了企业吸纳失业人员，从而促进了重点群体的创业就业。这些政策有助于降低创业和就业的成本，提高创业和就业的积极性，推动经济的持续健康发展。

《关于延续小微企业增值税政策的通知》（财税〔2017〕76号）是财政部和税务总局为支持小微企业发展而发布的一项重要政策文件，决定自2018年1月1日至2020年12月31日，继续对月销售额2万元（含本数）至3万元的增值税小规模纳税人，免征增值税。该政策通过免征增值税的方式，直接减轻了小微企业的税收负担，促进了其健康发展。同时，该政策也体现了国家对小微企业的重视和支持，对于推动经济持续健康发展具有重要意义。

《财政部 税务总局关于支持小微企业融资有关税收政策的通知》（财税〔2017〕77号）是针对小微企业融资难、融资贵问题而出台的一项税收政策。小微企业作为市场经济的重要组成部分，对于推动经济增长、促进就业和创新具有重要作用。然而，由于规模较小、信用记录不完善等因素，小微企业往往面临融资难、融资贵的问题。为了缓解这一问题，财政部和税务总局联合发布了该通知，通过免征增值税和印花税，降低金融机构向小微企业提供贷款的成本，从而鼓励金融机构更多地向小微企业发放贷款，支持小微企业融资，促进小微企业的发展。

《财政部 税务总局关于对营业账簿减免印花税的通知》（财税〔2018〕50号）规定，为减轻企业负担、鼓励投资创业，自2018年5月1日起，对按万分之五税率贴花的资金账簿减半征收印花税，对按件贴花五元的其他账簿免征印花税。

《财政部 税务总局关于进一步扩大小型微利企业所得税优惠政策范围的通

知》（财税〔2018〕77号）在小型微利企业所得税政策方面作出了重要调整以进一步支持小型微利企业发展。该政策的实施将为小型微利企业带来显著的减税效应。一方面，提高年应纳税所得额上限将使更多的小型企业被纳入优惠政策的覆盖范围；另一方面，减半计入应纳税所得额和降低税率将进一步减轻企业的税收负担，增加企业的盈利空间，有助于促进小型微利企业的持续健康发展。

《财政部 税务总局关于金融机构小微企业贷款利息收入免征增值税政策的通知》（财税〔2018〕91号）是针对金融机构向小微企业及个体工商户发放贷款所取得的利息收入制定的免征增值税政策。免税方法有两种，第一种是对金融机构向小型企业、微型企业和个体工商户发放的，利率水平不高于人民银行同期贷款基准利率150%（含本数）的单笔小额贷款取得的利息收入，免征增值税；高于人民银行同期贷款基准利率150%的单笔小额贷款取得的利息收入，按照现行政策规定缴纳增值税。第二种是对金融机构向小型企业、微型企业和个体工商户发放单笔小额贷款取得的利息收入中，不高于该笔贷款按照人民银行同期贷款基准利率150%（含本数）计算的利息收入部分，免征增值税；超过部分按照现行政策规定缴纳增值税。该政策的实施有助于降低金融机构的贷款成本，鼓励其更多地向小微企业及个体工商户发放贷款，进一步支持小微企业的发展。

《财政部 人力资源社会保障部 中国人民银行关于进一步做好创业担保贷款财政贴息工作的通知》（财金〔2018〕22号）在加大政策支持力度、加强财政贴息资金管理、提高资金使用效益等方面作出了详细规定。将农村自主创业农民纳入支持范围，进一步拓宽了政策的受益面。小微企业贷款对象也进行了调整，当年新招用符合创业担保贷款申请条件的人员数量达到企业现有在职职工人数的25%（超过100人的企业达到15%），并与其签订1年以上劳动合同的小微企业，也符合贷款条件，这一调整有助于激励小微企业吸纳更多人员就业。同时降低了贷款申请条件，放宽了担保和贴息要求，并且在申请办理程序上也进行了优化。总体来说，该通知在多个方面对创业担保贷款财政贴息政策进行了优化和完善，旨在进一步加大政策支持力度、加强财政贴息资金管理、提高资金使用效益，以更好地促进创业就业和经济社会发展。

《财政部 税务总局关于实施小微企业普惠性税收减免政策的通知》（财税

〔2019〕13号）是为了促进小微企业的发展，减轻其税收负担，从而激发市场活力和创新动力而发布的重要政策文件。该通知为小微企业提供了全方位的税收减免政策，包括免征增值税、企业所得税优惠、地方税种减征及政策叠加享受等，旨在促进其健康发展，增强市场活力。这些政策不仅减轻了小微企业的税收负担，还为其提供了更好的发展环境和创新动力。

《财政部 税务总局 人力资源社会保障部 国务院扶贫办关于进一步支持和促进重点群体创业就业有关税收政策的通知》（财税〔2019〕22号）主要对特定人员和企业给予了相应的税收优惠政策。特定人员指建档立卡贫困人口、持《就业创业证》（注明"自主创业税收政策"或"毕业年度内自主创业税收政策"）或《就业失业登记证》（注明"自主创业税收政策"）的人员。特定企业指招用建档立卡贫困人口，以及在人力资源社会保障部门公共就业服务机构登记失业半年以上且持《就业创业证》或《就业失业登记证》（注明"企业吸纳税收政策"）的人员，与其签订1年以上期限劳动合同并依法缴纳社会保险费的企业。在增值税、城市维护建设税、教育费附加、地方教育附加及所得税等方面给予了税收优惠。这些税收优惠政策旨在进一步支持和促进重点群体创业就业，通过减轻税收负担来激发市场活力和社会创造力。

（二）公告类文件

支持返乡创业的公告类文件主要包括财政部、国家税务总局等部门联合发布的公告以及国家税务总局独立发布的公告。

1. 各部门联合发布的公告

财政部、国家税务总局等部门联合发布的公告见表2-4。

表2-4 财政部、国家税务总局等部门联合发布的公告（2015—2022年）

序号	政策名称	政策文号
1	财政部 税务总局关于金融企业涉农贷款和中小企业贷款损失准备金税前扣除有关政策的公告	2019年第85号
2	财政部 税务总局关于明确生活性服务业增值税加计抵减政策的公告	2019年第87号
3	国家税务总局 人力资源社会保障部 国务院扶贫办教育部关于实施支持和促进重点群体创业就业有关税收政策具体操作问题的公告	2019年第10号

续表

序号	政策名称	政策文号
4	财政部 税务总局关于延续实施普惠金融有关税收优惠政策的公告	2020年第22号
5	财政部 税务总局关于延长部分税收优惠政策执行期限的公告	2021年第6号
6	财政部 税务总局关于明确增值税小规模纳税人免征增值税政策的公告	2021年第11号
7	财政部 税务总局关于实施小微企业和个体工商户所得税优惠政策的公告	2021年第12号
8	财政部 税务总局 人力资源社会保障部 国家乡村振兴局关于延长部分扶贫税收优惠政策执行期限的公告	2021年第18号
9	国家税务总局 财政部关于制造业中小微企业延缓缴纳2021年第四季度部分税费有关事项的公告	2021年第30号
10	财政部 税务总局关于进一步实施小微企业"六税两费"减免政策的公告	2022年第10号
11	财政部 税务总局关于进一步实施小微企业所得税优惠政策的公告	2022年第13号
12	财政部 税务总局关于印花税法实施后有关优惠政策衔接问题的公告	2022年第23号

《财政部 税务总局关于金融企业涉农贷款和中小企业贷款损失准备金税前扣除有关政策的公告》(2019年第85号)根据《中华人民共和国企业所得税法》及《中华人民共和国企业所得税法实施条例》的有关规定,对金融企业涉农贷款和中小企业贷款损失准备金的企业所得税税前扣除作出了详细规定。金融企业需根据《贷款风险分类指引》(银监发〔2007〕54号)对其涉农贷款和中小企业贷款进行风险分类,并按照规定比例计提贷款损失准备金,准予在计算应纳税所得额时扣除。金融企业发生的符合条件的涉农贷款和中小企业贷款损失,应先冲减已在税前扣除的贷款损失准备金,不足冲减部分可据实在计算应纳税所得额时扣除。该公告为金融企业提供了明确的涉农贷款和中小企业贷款损失准备金税前扣除政策,有助于鼓励金融企业加大对这些领域的支持力度,并促进其健康发展。

《财政部 税务总局关于明确生活性服务业增值税加计抵减政策的公告》(2019年第87号)对生活性服务业增值税加计抵减作了如下规定:2019年10月1日至2021年12月31日,允许生活性服务业纳税人按照当期可抵扣进项税额加计

15%，抵减应纳税额。生活性服务业纳税人应按照当期可抵扣进项税额的15%计提当期加计抵减额。按照现行规定不得从销项税额中抵扣的进项税额，不得计提加计抵减额；已按照15%计提加计抵减额的进项税额，按规定作进项税额转出的，应在进项税额转出当期，相应调减加计抵减额。

《国家税务总局 人力资源社会保障部 国务院扶贫办 教育部关于实施支持和促进重点群体创业就业有关税收政策具体操作问题的公告》（2019年第10号）详细规定了对于重点群体从事个体经营以及企业招用重点群体在税款减免方面的具体操作。该公告为支持和促进重点群体的创业就业提供了具体的税收优惠政策，并详细规定了税款减免的顺序、额度以及享受优惠政策的期限等具体操作细节。这些政策有助于减轻重点群体的税收负担，鼓励其积极创业和就业。

《财政部 税务总局关于延续实施普惠金融有关税收优惠政策的公告》（2020年第22号）延长了之前几项关于普惠金融税收优惠政策的执行期限，这些政策原本在2019年12月31日到期，现被延长至2023年12月31日。涉及的政策文件包括支持农村金融发展、小额贷款公司税收政策、支持小微企业融资税收政策以及租入固定资产进项税额抵扣等增值税政策。这一延续政策的目的是继续为小微企业、个体工商户和农户提供更加优惠的金融服务，通过税收减免来降低这些群体的财务负担，促进普惠金融的发展。对于在公告发布之前已经征收但根据新公告应予以免征的增值税，纳税人可以选择将其抵减以后月份应缴纳的增值税，或者申请退还已缴纳的税款。整体而言，这一政策的延续旨在进一步支持小微企业、个体工商户和农户，帮助他们更容易地获得金融服务，从而促进经济的稳定和增长。

《财政部 税务总局关于延长部分税收优惠政策执行期限的公告》（2021年第6号）为进一步支持小微企业、科技创新和相关社会事业发展，发布了一系列税收优惠政策公告。《财政部 税务总局关于设备、器具扣除有关企业所得税政策的通知》（财税〔2018〕54号）等16个文件延长税收优惠政策执行期限至2023年12月31日。《财政部 税务总局关于延续供热企业增值税 房产税 城镇土地使用税优惠政策的通知》（财税〔2019〕38号）规定的税收优惠政策，其执行期限被延长至2023年供暖期结束。特定税收优惠政策延长期限至2025年，包括《财

政部 税务总局关于易地扶贫搬迁税收优惠政策的通知》（财税〔2018〕135号）、《财政部 税务总局关于福建平潭综合实验区个人所得税优惠政策的通知》（财税〔2014〕24号）。准备金企业所得税税前扣除政策继续执行，包括《财政部 国家税务总局关于保险公司准备金支出企业所得税税前扣除有关政策问题的通知》（财税〔2016〕114号）等6个文件，这些文件中规定的准备金企业所得税税前扣除政策，在到期后将继续执行，未设定新的截止日期。这些税收优惠政策的延长和继续执行，旨在进一步支持小微企业、科技创新和相关社会事业的发展，通过减轻企业的税负，鼓励企业加大研发投入，促进产业升级和经济发展。

《财政部 税务总局关于明确增值税小规模纳税人免征增值税政策的公告》（2021年第11号）规定了对特定条件下的小规模纳税人免征增值税的政策，并同时废止了之前的相关政策条款。主要基于进一步支持小微企业发展，减轻其税收负担，增强市场活力和竞争力，财政部和税务总局联合发布了这一公告。对月销售额15万元以下（含本数）的增值税小规模纳税人自2021年4月1日至2022年12月31日免征增值税。随着这一新政策的实施，《财政部 税务总局关于实施小微企业普惠性税收减免政策的通知》（财税〔2019〕13号）中的第一条，即对月销售额10万元以下（含本数）的增值税小规模纳税人免征增值税的政策，被同时废止。这意味着免税的销售额门槛从10万元提高到了15万元，提高免税销售额门槛将直接惠及更多的小规模纳税人，减轻其税收负担，有助于其扩大经营、增加投资、提高竞争力。

《财政部 税务总局关于实施小微企业和个体工商户所得税优惠政策的公告》（2021年第12号）是为了进一步促进小微企业和个体工商户的发展而出台的一项重要税收优惠政策。对于小型微利企业年应纳税所得额不超过100万元的部分，在原先《财政部 税务总局关于实施小微企业普惠性税收减免政策的通知》（财税〔2019〕13号）第二条规定的优惠政策（通常是按较低税率征税或减免部分税款）基础上，再减半征收企业所得税。这意味着小型微利企业可以享受双重优惠，进一步减轻税收负担。对于个体工商户年应纳税所得额不超过100万元的部分，在现行优惠政策（起征点、税率优惠等）基础上，减半征收个人所得税。这一政策旨在降低个体工商户的税收成本，鼓励其积极经营和发展。该公告的执行期限为

2021年1月1日至2022年12月31日。这意味着在这两年期间内，小微企业和个体工商户可以享受上述税收优惠政策。然而，需要注意的是，政策可能会根据经济形势和税收制度的改革而进行调整或延续。公告的发布为小微企业和个体工商户提供了重要的税收支持，有助于促进其健康发展和经济活力提升。

《财政部 税务总局 人力资源社会保障部 国家乡村振兴局关于延长部分扶贫税收优惠政策执行期限的公告》（2021年第18号）是为了贯彻落实《中共中央 国务院关于实现巩固拓展脱贫攻坚成果同乡村振兴有效衔接的意见》精神，并严格落实过渡期内"四个不摘"的要求而发布的。该公告的发布是基于国家对脱贫攻坚成果巩固和乡村振兴工作的高度重视。为了确保贫困地区和贫困人口在过渡期内能够持续受益于税收优惠政策，同时推动乡村振兴战略的深入实施，相关部门决定延长部分扶贫税收优惠政策的执行期限。公告中明确指出，以下三个文件中的税收优惠政策执行期限将延长至2025年12月31日：《财政部 税务总局 人力资源社会保障部 国务院扶贫办关于进一步支持和促进重点群体创业就业有关税收政策的通知》（财税〔2019〕22号）、《财政部 税务总局 国务院扶贫办关于企业扶贫捐赠所得税税前扣除政策的公告》（财政部 税务总局 国务院扶贫办公告2019年第49号）及《财政部 税务总局 国务院扶贫办关于扶贫货物捐赠免征增值税政策的公告》（财政部 税务总局 国务院扶贫办公告2019年第55号）。将上述税收优惠政策的执行期限延长，意味着在这段时间内，相关企业和个人可以继续享受这些优惠政策带来的税收减免和优惠，从而进一步促进脱贫攻坚成果的巩固和乡村振兴战略的深入实施。

《国家税务总局 财政部关于制造业中小微企业延缓缴纳2021年第四季度部分税费有关事项的公告》（2021年第30号）是为了支持制造业中小微企业发展，促进工业经济平稳运行而发布的重要政策文件。公告适用于制造业中小微企业，包括个人独资企业、合伙企业、个体工商户。销售额标准为制造业中型企业年销售额在2000万元以上（含2000万元）至4亿元以下（不含4亿元），制造业小微企业年销售额在2000万元以下（不含2000万元）。延缓缴纳的税费包括所属期为2021年10月、11月、12月（按月缴纳）或者2021年第四季度（按季缴纳）的企业所得税、个人所得税（代扣代缴除外）、国内增值税、国内消费税及附征

的城市维护建设税、教育费附加、地方教育附加，不包括向税务机关申请代开发票时缴纳的税费。延缓缴纳的期限为3个月，延缓期限届满后，纳税人应依法缴纳缓缴的税费。该公告是一项重要的惠企政策，对于支持制造业中小微企业发展、促进工业经济平稳运行具有重要意义。

《财政部 税务总局关于进一步实施小微企业"六税两费"减免政策的公告》（2022年第10号）对小微企业提供了实质性的税收支持，旨在通过减免"六税两费"来激发小微企业的市场活力和创新能力。适用对象为增值税小规模纳税人、小型微利企业及个体工商户。减免税种包括资源税、城市维护建设税、房产税、城镇土地使用税、印花税（不含证券交易印花税）、耕地占用税以及教育费附加和地方教育附加。各省、自治区、直辖市人民政府可根据本地区实际情况及宏观调控需要，确定对适用对象在50%的税额幅度内减征上述税费。同时优惠政策可叠加，若已依法享受上述税种的其他优惠政策，仍可叠加享受本公告规定的减免政策。本公告的执行期限为2022年1月1日至2024年12月31日。这意味着在此期间内，符合条件的小微企业均可享受上述税收减免政策。这一政策的实施，对于小微企业而言无疑是一个重大利好。它不仅直接减轻了企业的税收负担，还有助于提升企业的盈利能力和市场竞争力。同时，该政策也有助于促进就业、激发市场活力和推动经济高质量发展。

《财政部 税务总局关于进一步实施小微企业所得税优惠政策的公告》（2022年第13号）详细阐述了针对小型微利企业的所得税优惠政策。对于小型微利企业，年应纳税所得额中超过100万元但不超过300万元的部分，按照25%的比例计入应纳税所得额，并适用20%的税率来缴纳企业所得税。这意味着，这部分应纳税所得额的实际税负将显著降低，有助于减轻小微企业的税收负担。公告的执行期限为2022年1月1日至2024年12月31日，为期三年，为小微企业提供了长期的税收优惠政策支持。该公告为小型微利企业提供了实质性的税收减免，有助于促进小微企业的发展和壮大。

《财政部 税务总局关于印花税法实施后有关优惠政策衔接问题的公告》（2022年第23号）对印花税法实施后有关优惠政策如何衔接方面的问题作了相关公告，根据公告内容继续执行部分印花税优惠政策，同时废止了部分印花税优惠政策。

该公告自2022年7月1日起施行。

2.国家税务总局独立发布的公告

国家税务总局独立发布的公告见表2-5。

表2-5 国家税务总局独立发布的公告（2015—2022年）

序号	政策名称	政策文号
1	国家税务总局关于金融企业涉农贷款和中小企业贷款损失税前扣除问题的公告	2015年第25号
2	国家税务总局关于进一步完善固定资产加速折旧企业所得税政策有关问题的公告	2015年第68号
3	国家税务总局关于实施小型微利企业普惠性所得税减免政策有关问题的公告	2019年第2号
4	国家税务总局关于增值税小规模纳税人地方税种和相关附加减征政策有关征管问题的公告	2019年第5号
5	国家税务总局关于办理增值税期末留抵税额退税有关事项的公告	2019年第20号
6	国家税务总局关于小规模纳税人免征增值税征管问题的公告	2021年第5号
7	国家税务总局关于落实支持小型微利企业和个体工商户发展所得税优惠政策有关事项的公告	2021年第8号
8	国家税务总局关于进一步实施小微企业"六税两费"减免政策有关征管问题的公告	2022年第3号

《国家税务总局关于金融企业涉农贷款和中小企业贷款损失税前扣除问题的公告》（2015年第25号）为鼓励金融企业加大对涉农贷款和中小企业贷款的支持力度，制定了一系列关于贷款损失税前扣除的规定。涉农贷款和中小企业贷款在促进经济增长、扩大就业、推动创新、繁荣市场和满足人民群众需求等方面发挥着重要作用。然而，这些贷款往往面临较高的风险，导致金融企业在提供此类贷款时存在顾虑。为了鼓励金融企业加大对涉农贷款和中小企业贷款的支持力度，及时处置贷款损失，并增强金融企业抵御风险的能力，国家税务总局发布了此公告。该公告适用于金融企业涉农贷款和中小企业贷款损失的税前扣除。税前扣除条件为金融企业的涉农贷款和中小企业贷款必须逾期1年以上，且经追索无法收回。同时提供分类证明，金融企业需要依据涉农贷款、中小企业贷款分类证明来

计算确认贷款损失。税前扣除标准为单户贷款余额不超过300万元（含300万元），应依据向借款人和担保人的有关原始追索记录（包括司法追索、电话追索、信件追索和上门追索等原始记录之一）来计算确认损失，这些原始追索记录需要由经办人和负责人共同签章确认；单户贷款余额超过300万元至1000万元（含1000万元），应依据有关原始追索记录（必须包括司法追索记录）来计算确认损失，这些原始追索记录同样需要由经办人和负责人共同签章确认；单户贷款余额超过1000万元，应按照《国家税务总局关于发布〈企业资产损失所得税税前扣除管理办法〉的公告》（国家税务总局公告2011年第25号）的有关规定来计算确认损失。该公告适用于2014年度及以后年度涉农贷款和中小企业贷款损失的税前扣除。公告为金融企业提供了明确的税前扣除标准和规定，有助于鼓励金融企业加大对涉农贷款和中小企业贷款的支持力度，并促进这些贷款业务的健康发展。

《国家税务总局关于进一步完善固定资产加速折旧企业所得税政策有关问题的公告》（2015年第68号）响应国务院扩大固定资产加速折旧优惠范围的决策，对特定行业及小型微利企业的固定资产折旧政策进行了详细规定。政策目的在于落实国务院决策，扩大固定资产加速折旧优惠范围；促进轻工、纺织、机械、汽车四个领域重点行业的发展；支持小型微利企业的研发与生产经营活动。四个领域重点行业企业新购进固定资产，允许缩短折旧年限或采取加速折旧方法，适用于2015年1月1日后新购进的固定资产。四个领域重点行业小型微利企业新购进仪器、设备，单位价值不超过100万元（含）的，允许一次性全额扣除，单位价值超过100万元的，允许缩短折旧年限或采取加速折旧方法。新固定资产最低折旧年限不得低于实施条例规定折旧年限的60%，已使用过的固定资产最低折旧年限不得低于剩余年限的60%，最低折旧年限一经确定，不得改变。加速折旧方法可采用双倍余额递减法或年数总和法，加速折旧方法一经确定，不得改变。公告适用于2015年及以后纳税年度，企业2015年前3季度未能享受加速折旧优惠的，可在第四季度预缴申报或年度汇算清缴时统一享受。公告为特定行业及小型微利企业提供了更加灵活的折旧政策，有助于降低企业税负、促进企业发展与创新。

《国家税务总局关于实施小型微利企业普惠性所得税减免政策有关问题的公

告》（2019年第2号）发布目的是通过减轻小型微利企业的税收负担，促进其发展，从而增强经济活力和竞争力。对于符合条件的小型微利企业来说，这是一项重要的税收优惠政策，有助于提升其经营效益和盈利能力。对于年应纳税所得额不超过100万元的部分，企业可以享受减按25%计入应纳税所得额，然后按20%的税率缴纳企业所得税。对于年应纳税所得额超过100万元但不超过300万元的部分，企业可以享受减按50%计入应纳税所得额，然后按20%的税率缴纳企业所得税。该政策适用于2019年1月1日至2021年12月31日期间。无论小型微利企业采用查账征收方式还是核定征收方式缴纳企业所得税，都可以享受上述优惠政策。

《国家税务总局关于增值税小规模纳税人地方税种和相关附加减征政策有关征管问题的公告》（2019年第5号）根据《财政部 税务总局关于实施小微企业普惠性税收减免政策的通知》（财税〔2019〕13号），就增值税小规模纳税人地方税种和相关附加减征政策有关征管问题作了相关公告。主要包括申报表的修订、纳税人类别变化时减征政策适用时间的确定、减征优惠的办理方式、纳税人未及时享受减征优惠的处理方式等。

《国家税务总局关于办理增值税期末留抵税额退税有关事项的公告》（2019年第20号）

针对自2019年4月1日起试行的增值税期末留抵税额退税制度，为方便纳税人办理留抵退税业务，对纳税人的留抵退税条件、纳税人当期允许退还的增量留抵税额的计算方法等内容进行了公告。

《国家税务总局关于小规模纳税人免征增值税征管问题的公告》（2021年第5号）详细规定了小规模纳税人在增值税免征方面的相关政策。免征增值税的条件为小规模纳税人发生增值税应税销售行为，如果合计月销售额未超过15万元（或季度销售额未超过45万元），则免征增值税；如果月销售额超过15万元，但扣除销售不动产的销售额后未超过15万元，那么销售货物、劳务、服务、无形资产取得的销售额仍然可以免征增值税。适用增值税差额征税政策的小规模纳税人，以差额后的销售额来确定是否可以享受免征增值税政策，在《增值税纳税申报表》中，"免税销售额"相关栏次应填写差额后的销售额。按固定期限纳税的小规模纳税人可以选择以 1 个月或 1 个季度为纳税期限，但一经选择，在一个会计年度内不得变更。不动产租赁的特别规定是其他个人采取一次性收取租金形式出租不动产取得的租金收入，可以在对应的租赁期内平均分摊，分摊后的月租金收入未超过 15 万元的，免征增值税。已经使用金税盘、税控盘等税控专用设备开具增值税发票的小规模纳税人，如果月销售额未超过 15 万元，可以继续使用现有设备开具发票，也可以自愿向税务机关免费换领税务 UKey 开具发票。本公告自 2021 年 4 月 1 日起施行，同时废止《国家税务总局关于小规模纳税人免征增值税政策有关征管问题的公告》（2019 年第 4 号）。总的来说，该公告为小规模纳税人提供了更为明确和具体的增值税免征政策指导，有助于减轻其税收负担并促进其健康发展。

《国家税务总局关于落实支持小型微利企业和个体工商户发展所得税优惠政策有关事项的公告》（2021 年第 8 号）是为支持小型微利企业和个体工商户发展发布的一项公告，主要就小型微利企业所得税减半征收政策有关事项、个体工商户个人所得税减半征收政策有关事项、取消代开货物运输业发票预征个人所得税有关事项、执行时间和其他事项等作了进一步规定。

《国家税务总局关于进一步实施小微企业"六税两费"减免政策有关征管问题的公告》（2022 年第 3 号）是根据《财政部 税务总局关于进一步实施小微企业"六税两费"减免政策的公告》（2022 年第 10 号）发布的，旨在进一步支持小微企业发展，减轻其税费负担。就资源税、城市维护建设税、房产税、城镇土地使用税、印花税（不含证券交易印花税）、耕地占用税和教育费附加、地方教育附加（简称"六税两费"）减免政策作了相关公告，主要包括小型微利企业"六税两费"减免政策的适用、增值税小规模纳税人转为一般纳税人时"六税两费"减免政策的适用、申报表的修订、"六税两费"减免优惠的办理方式、纳税人未及时申报享受"六税两费"减免优惠的处理方式等方面。本公告执行期限为 2022 年 1 月 1 日至 2024 年 12 月 31 日。公告通过明确小型微利企业和增值税小规模纳税人的"六税两费"减免政策适用条件、办理方式等，为小微企业提供了实质性的税收减免支持，有助于促进其健康发展。

第二节 浙江省返乡创业财税政策

在国家政策的指导下,浙江省积极鼓励创新创业,出台了一系列返乡创业财税扶持政策。本节对2015—2022年浙江省出台的农民返乡创业可享受的部分财税政策进行了梳理,列举了部分重要政策,见表2-6。

表2-6 浙江省返乡创业相关财税扶持政策(2015—2022年)

序号	政策名称	政策文号
1	浙江省人民政府关于支持大众创业促进就业的意见	浙政发〔2015〕21号
2	浙江省人民政府关于大力推进大众创业万众创新的实施意见	浙政发〔2015〕37号
3	关于做好当前和今后一段时间就业创业工作的实施意见	浙政发〔2017〕41号
4	浙江省财政厅等4部门转发财政部 国家税务总局 人力资源社会保障部关于继续实施支持和促进重点群体创业就业有关税收政策的通知	浙财税政〔2017〕19号
5	关于发布《"双创"税收优惠事项清单》的公告	浙江省国家税务局公告2017年第8号
6	浙江省人民政府关于强化实施创新驱动发展战略深入推进大众创业万众创新的实施意见	浙政办发〔2018〕31号
7	浙江省人民政府关于推动创新创业高质量发展打造"双创"升级版实施意见	浙政发〔2019〕9号
8	关于落实重点群体创业就业有关税收优惠政策的通知	浙财税政〔2019〕8号
9	转发财政部 人力资源社会保障部 中国人民银行关于进一步加大创业担保贷款贴息力度全力支持重点群体创业就业的通知	浙财金〔2020〕43号
10	浙江省农业农村厅等4部门关于印发浙江省低收入农户小额信贷管理办法的通知	浙农振发〔2022〕2号
11	浙江省人民政府办公厅关于进一步减负纾困助力中小微企业发展的若干意见	浙政办发〔2022〕25号

续表

序号	政策名称	政策文号
12	浙江省人力资源和社会保障厅 浙江省发展和改革委员会 浙江省财政厅关于支持山区26县就业创业高质量发展的若干意见	浙人社发〔2022〕46号
13	中共浙江省委组织部 浙江省人力资源和社会保障厅等17部门关于进一步做好高校毕业生等青年就业创业工作的通知	浙人社发〔2022〕48号

《浙江省人民政府关于支持大众创业促进就业的意见》（浙政发〔2015〕21号）是基于国家层面对就业创业工作的新要求和浙江省的实际情况，制定的一项全面而具体的政策措施。具体包括深入实施就业优先战略、积极推进大众创业、鼓励企业吸纳就业、统筹做好各类群体就业、强化就业创业服务、完善就业创业工作机制六个方面。文件特别指出要支持农民工返乡创业，落实定向减税和普遍性降费政策，降低农民工返乡创业的成本和风险。同时，提供创业指导、资金支持等，帮助他们成功创业。

《浙江省人民政府关于大力推进大众创业万众创新的实施意见》（浙政发〔2015〕37号）旨在深度优化创业创新生态，全面激发社会创造力。该意见以深化改革为引领，以服务创新为核心，以开放共享为原则，以突出重点为策略，推出一系列举措。它致力于营造宽松公平的市场环境，搭建坚实的创业创新平台，激活多元创业创新主体，构建活跃的投融资体系，完善人才培育机制，拓宽"互联网+"创业视野，强化创业服务体系，并提升组织保障效率，全方位推动大众创业、万众创新迈向新高度。

《关于做好当前和今后一段时间就业创业工作的实施意见》（浙政发〔2017〕41号）积极响应《国务院关于做好当前和今后一段时期就业创业工作的意见》（国发〔2017〕28号）的号召，致力于构建更为优越的就业创业生态环境。本实施意见聚焦五大核心策略：坚持就业优先原则，积极拓展新兴业态的就业路径；着力优化创业生态，通过创业激发就业新活力；实施精准帮扶策略，确保各类群体就业稳定；不断完善服务体系，全面提升就业创业服务效能；同时，明确工作责任，强化组织实施力度，确保各项措施有效落地。通过这些综合举措，旨在推动实现更加充分、更高质量的就业目标，为经济社会发展注入强劲动力。

《浙江省财政厅等4部门转发财政部 国家税务总局 人力资源社会保障部关于继续实施支持和促进重点群体创业就业有关税收政策的通知》（浙财税政〔2017〕19号）在转发上级文件精神的同时，进一步明确了本省支持措施：为持续助力重点群体创业就业，积极响应国家税收扶持政策，经省政府批准，2017—2019年，本省将重点群体创业就业的减税定额标准调至最高上浮幅度。具体而言，对从事个体经营的重点群体人员，每户每年的减税定额由8000元提高20%至9600元，依次用于扣减增值税、城市维护建设税、教育费附加、地方教育附加及个人所得税；对于新吸纳重点群体人员的企业，按实际招用人数，每人每年的减税定额由4000元上调30%至5200元，同样依次扣减上述税费及企业所得税，以实际行动促进创业就业，助力经济社会发展。

《浙江省国家税务局关于发布〈"双创"税收优惠事项清单〉的公告》（浙江省国家税务局公告2017年第8号）就全面贯彻中央、省委省政府和国家税务总局推动"双创"的决策部署，充分发挥税收政策在激发各类市场主体创业创新中的作用，按企业不同发展阶段，梳理了支持企业创业创新的税收优惠政策，形成了《"双创"税收优惠事项清单》，以此帮助纳税人更精准地掌握相关的税收政策，助力全省广大创业创新者充分享受税收政策红利。《"双创"税收优惠事项清单》根据纳税人在不同阶段的不同需求，梳理了初创、成长和成熟壮大等三个阶段支持企业创业创新的51项税收优惠政策。在初创期，为帮助纳税人减轻创业负担，有效应对创业风险，国家出台了针对小微企业、特殊群体创业就业、孵化企业、风险投资、软件产品、集成电路六个方面的共26项税收优惠。在成长期，为营造良好的科技创新税收环境，促进企业快速健康成长，国家出台了创新投入加计扣除、技术成果转让免税、采购国产设备退税、研发设备加速折旧、先进技术企业减税等19项税收优惠政策。在成熟期，为进一步减轻纳税人税收负担，促进"双创"企业做大做强，国家出台了企业重组过程中货物、不动产、土地使用权转让不征增值税、留抵税额转移抵扣等增值税政策和关联居民企业间划转股权或者资产、企业以非货币性资产对外投资不缴或递延缴纳所得税等6项支持企业兼并重组和对外投资的税收优惠政策。

《浙江省人民政府关于强化实施创新驱动发展战略深入推进大众创业万众创新的实施意见》（浙政办发〔2018〕31号）是浙江省为贯彻落实《国务院关于强化实施创新驱动发展战略进一步推进大众创业万众创新深入发展的意见》（国发〔2017〕37号）而制定的具体实施方案。该实施意见旨在优化浙江省的创新创业生态环境，充分释放全社会的创业创新潜能，推动大众创业、万众创新向更大范围、更高层次、更深程度发展。从促进科技成果转化、拓展企业融资渠道、促进实体经济转型升级、激励各类人才创新创业、创新政府服务管理方式五个方面提出了相关意见。

《浙江省人民政府关于推动创新创业高质量发展打造"双创"升级版实施意见》（浙政发〔2019〕9号）是浙江省政府为深入实施创新驱动发展战略，进一步激发市场活力和社会创造力，根据《国务院关于推动创新创业高质量发展打造"双创"升级版的意见》（国发〔2018〕32号）文件要求而制定的具体实施意见。该实施意见从推动"双创"生态升级、推动"双创"主体升级、推进创业带动就业能力升级、推动"双创"动能升级、推进"双创"平台升级、推动"双创"投融资服务升级六个方面提出了相关意见。

《关于落实重点群体创业就业有关税收优惠政策的通知》（浙财税政〔2019〕8号）是浙江省为进一步支持和促进重点群体创业就业而发布的重要文件。该通知由浙江省财政厅、国家税务总局浙江省税务局、浙江省人力资源和社会保障厅、浙江省扶贫办公室联合发布，旨在贯彻落实中央关于进一步支持和促进重点群体创业就业的有关税收政策。经浙江省政府批准，浙江省按照中央授权幅度的最高标准，对重点群体创业就业相关税费进行减免，以减轻其负担，激发创业就业活力。通过明确优惠对象与条件、减免标准与范围以及政策叠加与享受方式等内容，为相关群体提供了有力的税费减免支持。政策的实施有助于减轻重点群体创业就业的税费负担，提高其创业就业的积极性。通过税收优惠政策的叠加，进一步增强了政策的扶持力度和效果，有助于促进浙江省经济社会的持续健康发展，推动实现更高质量和更充分的就业。

《转发财政部 人力资源社会保障部 中国人民银行关于进一步加大创业担保贷款贴息力度全力支持重点群体创业就业的通知》（浙财金〔2020〕43号）由浙

江省财政厅等三个部门转发，并结合浙江省实际，提出了相关意见。一是符合条件的个人最高可申请不超过 50 万元的创业担保贷款。合伙创业的，可适当提高贷款额度。二是小微企业提出申请之日前 12 个月内招用重点人群人数与企业现有在职职工人数的占比由 20% 下降为 15%，超过 100 人的企业下降为 8%。三是自 2021 年 1 月 1 日起，重点人群新发放的个人创业担保贷款利息给予全额贴息，重点人群具体指在校大学生和毕业 5 年以内的高校毕业生、登记失业半年以上人员、就业困难人员、持证残疾人、自主择业军转干部和自主就业退役士兵；其他人员新发放的个人创业担保贷款利息，在借款人承担 LPR-150BP 以下部分的基础上，财政对贷款合同签订日 LPR-150BP 以上部分给予贴息。小微企业吸纳就业新发放的创业担保贷款利息，在借款企业承担 LPR-150BP 以下部分的基础上，财政对贷款合同签订日 LPR-150BP 以上部分给予贴息，其中小微企业入驻科技企业孵化器和经人力资源社会保障部门认定的创业孵化基地的，按照贷款合同签订日 LPR 给予贴息。四是各地要进一步简化办事流程，按照"最多跑一次"改革理念，合理设置贷款审批要件，运用信息共享技术和大数据对比手段，更多通过信息协同方式进行核验。强化一站式服务，服务过程中人力资源社会保障部门资格审核、担保尽职调查及金融机构贷款审核要充分配合，强调"多审合一"，避免重复提交材料，为创业者提供更加优质、高效、便捷的服务。

《浙江省农业农村厅等 4 部门关于印发浙江省低收入农户小额信贷管理办法的通知》（浙农振发〔2022〕2 号）根据《中国银保监会 财政部 人民银行 国家乡村振兴局关于深入扎实做好过渡期脱贫人口小额信贷工作的通知》（银保监发〔2021〕6 号）和财政衔接推进乡村振兴补助资金管理有关规定而制定，目的在于巩固拓展脱贫攻坚成果同乡村振兴有效衔接，促进浙江高质量发展，建设共同富裕示范区。本办法所称"低收入农户小额信贷"是以全省建档立卡低收入农户为对象，以支持低收入农户发展生产、自主创业、增加收入为目的，各银行机构按照"小额流动、有偿使用、持续发展"的原则，为贷款对象提供低收入农户小额信贷服务。申请低收入农户小额信贷的对象为建档立卡低收入农户。贷款对象必须具有完全民事行为能力〔原则上应在 18 周岁（含）至 65 周岁（含）〕，遵纪守法、诚实守信，无重大不良信用记录；必须通过银行评级授信，有贷款意愿、必要的劳动生产技能和一定还款能力。贷款对象退出建档立卡范围后，已发放的低收入农户小额信贷在贷款到期前可继续享受贷款贴息支持。低收入农户小额信贷实行户借、户用、户还，精准用于贷款对象发展生产和开展经营，不能用于违反法律法规规定的产业和项目，不能用于结婚、建房、理财、购置家庭用品等非生产性支出，也不能以入股分红、转贷、指标交换等方式交由企业或其他组织使用。低收入农户小额信贷采用信用方式发放，贷款对象无需提供担保抵押，一次授信，随用随贷，随时归还，循环使用。各银行机构根据低收入农户小额信贷扶持对象的信用状况、贷款用途、还款能力等综合因素，确定信用贷款授信额度，原则上每户3万~30万元（含）。扶持对象在授信额度内根据实际所需金额申请贷款。各银行机构根据贷款对象的生产经营周期、收益状况、还款能力等因素，与贷款对象合理约定贷款额度使用期限，贷款期限一般控制在3年（含）以内。鼓励银行机构对10万元（含）以下低收入农户小额信贷以贷款市场报价利率（LPR）放款。10万元（含）以下低收入农户小额信贷利率可按照实际情况、可持续发展原则，根据贷款户信用评级、还款能力、贷款成本等因素适当浮动，1年期（含）以下贷款利率不超过1年期LPR，1~3年期（含）贷款利率不超过5年期LPR。低收入农户小额信贷超过10万元的部分，鼓励银行机构以优惠利率放款。贷款利率在贷款合同期内保持不变。在政策期限内，对具有一定还款能力、还款意愿良好、确有资金需求、符合申请条件的借款人，银行机构可提供续贷。对确因非主观因素到期不能偿还贷款的借款人，银行机构可在风险可控前提下办理贷款展期。经办银行要依法合规、稳健审慎，自主决定是否办理续贷或展期。原则上同一借款人只能办理1次续贷或展期。此前已发放的低收入农户小额信贷，在2025年底前到期的，也可续贷或展期1次。在低收入农户小额信贷政策期限内，续贷或展期期间各项政策保持不变。已还清贷款且符合贷款条件的对象可多次申请贷款。

《浙江省人民政府办公厅关于进一步减负纾困助力中小微企业发展的若干意见》（浙政办发〔2022〕25号）是浙江省政府为响应党中央、国务院的决策部署，针对中小微企业发展面临的实际困难，提出的一系列减负纾困措施。从进一步实施小微企业所得税优惠、扩大"六税两费"适用范围、落实增值税期末留抵退税政策、延续并优化研发费用加计扣除政策、制造业中小微企业缓缴部分税费及更好发挥出口退税作用六个方面提出了相应措施。该意见的实施有助于减轻中小微企业的税费负担，提高其盈利能力和市场竞争力。通过优化研发费用加计扣除政策，鼓励企业加大研发投入，推动技术创新和产业升级。缓缴部分税费和加快出口退税进度，有助于缓解企业的资金压力，提高其资金周转效率；有助于稳定市场预期，提振中小微企业的发展信心，推动浙江省经济社会的持续健康发展。

《浙江省人力资源和社会保障厅 浙江省发展和改革委员会 浙江省财政厅关于支持山区26县就业创业高质量发展的若干意见》（浙人社发〔2022〕46号）旨在贯彻落实省委关于高质量发展建设共同富裕示范区的决策部署，促进山区26县实现更加充分更高质量就业，在充分发挥产业带动就业作用、多措并举引进培养各类人才、大力促进重点群体就业创业、强化就业创业服务等方面提出了相关意见。

《中共浙江省委组织部 浙江省人力资源和社会保障厅等17部门关于进一步做好高校毕业生等青年就业创业工作的通知》（浙人社发〔2022〕48号）旨在贯彻落实国务院办公厅相关文件精神，做好当前和今后一段时期高校毕业生等青年就业创业工作，在多渠道开发就业岗位、强化不断线就业服务、简化优化求职就业手续、着力加强青年就业帮扶、压紧压实工作责任等方面作了相关通知。

第三节 浙江省内市、县（市、区）返乡创业财税政策

在国家及浙江省政策的指导下，浙江省内各县（市、区）也出台了一系列返乡创业财税扶持政策，本节以杭州市桐庐县和丽水市庆元县、云和县、龙泉市、松阳县、莲都区、遂昌县为例，对2015—2022年出台的农民返乡创业可享受的部分财税政策进行了梳理，列举了部分重要政策。

一、杭州市及桐庐县发布的相关政策

2015年以来，国家发展改革委会同有关部门分三批组织341个返乡创业试

点县（市、区）开展支持农民工等人员返乡创业试点工作。杭州市桐庐县作为试点之一，在杭州市政府的支持下，出台了一系列返乡创业财税扶持政策，见表2-7。

表2-7 杭州市及桐庐县发布的相关财税扶持政策（2015—2022年）

序号	政策名称	政策文号
1	杭州市人民政府关于支持大众创业促进就业的意见	杭政函〔2015〕174号
2	杭州市人民政府关于做好新形势下就业创业工作的实施意见	杭政函〔2018〕81号
3	关于做好当前和今后一个时期促进就业工作的实施意见	杭政函〔2019〕19号
4	桐庐县人民政府关于支持大众创业促进就业的实施意见	桐政发〔2016〕57号
5	桐庐县人民政府关于做好当前和今后一个时期促进就业创业工作的实施意见	桐政发〔2020〕3号
6	桐庐县小微企业园建设提升财政专项资金管理办法	桐经信〔2022〕18号

《杭州市人民政府关于支持大众创业促进就业的意见》（杭政函〔2015〕174号）是杭州市政府为了响应国家及浙江省关于促进就业创业的号召，结合本地实际情况而出台的一项重要政策文件。该文件旨在深入实施就业优先战略，通过激发大众的创业活力，进一步促进就业创业工作。这既是对国家及浙江省相关政策精神的贯彻落实，也是杭州市根据自身经济社会发展需要，积极应对就业形势挑战的重要举措。文件重点在积极推进创业带动就业、鼓励企业吸纳就业、统筹做好各类群体就业、提升素质促进就业、加强就业创业服务、完善就业创业工作机制等方面提出了相关意见。该文件的出台对于杭州市的就业创业工作具有重要意义。它不仅有助于激发大众的创业热情，推动创业活动的发展，还能够促进就业岗位的增加，缓解就业压力。同时，通过提升劳动者素质和加强就业创业服务，有助于提高劳动者的就业竞争力和适应能力，促进就业市场的稳定和繁荣。

《杭州市人民政府关于做好新形势下就业创业工作的实施意见》（杭政函〔2018〕81号）是杭州市政府为应对新经济形势下的就业创业挑战，积极响应上级政府政策导向，特别是《浙江省人民政府关于做好当前和今后一段时期就业创业工作的实施意见》（浙政发〔2017〕41号）的要求而制定的一项重要政策文件。文件在坚持就业优先，积极拓展就业创业渠道；优化创业环境，大力促进创业带动就业；分类精准帮扶，有效促进各类群体就业；健全服务体系，着力优化就业创业服务；落实工作责任，确保就业政策落实到位等方面提出了相关实施意见。

《关于做好当前和今后一个时期促进就业工作的实施意见》（杭政函〔2019〕19号）是杭州市人民政府为确保杭州市就业局势持续基本稳定而制定的重要政策文件。该实施意见基于《浙江省人民政府关于做好当前和今后一个时期促进就业工作的实施意见》（浙政发〔2018〕50号）的精神，结合杭州市实际情况，在促进企业稳定发展、支持创业带动就业、支持劳动者提升职业技能、加强重点群体就业服务、确保政策落实到位等方面提出了相关实施意见。这些措施旨在确保杭州市就业局势的持续稳定，促进经济社会的健康发展，不仅体现了政府对就业工作的高度重视，也为杭州市的就业创业工作提供了有力的政策保障。

《桐庐县人民政府关于支持大众创业促进就业的实施意见》（桐政发〔2016〕57号）是一份促进当地就业与创业的重要政策文件。旨在响应国家及浙江省关于新形势下就业创业政策的号召，以及《杭州市人民政府关于支持大众创业促进就业的意见》的指导精神。深入实施就业优先战略，推动大众创业、万众创新，结合桐庐县实际情况，提出具体可行的实施意见，具体包括大力促进大众创业、鼓励企业吸纳就业、统筹做好各类群体就业、强化劳动者素质提升、加强就业创业服务、强化组织保障等方面，同时强调落实相关就业创业减（免）税降费政策、减免行政事业性收费及落实国家自主创新示范区税收优惠政策。该政策的实施将有助于优化创业环境、降低企业运营成本、提高劳动者素质，进而推动桐庐县经济社会的持续健康发展。

《桐庐县人民政府关于做好当前和今后一个时期促进就业创业工作的实施意见》（桐政发〔2020〕3号）的出台，标志着桐庐县在积极响应国家及省市促进就业创业政策方面迈出了坚实的一步。该实施意见的核心目标在于优化当地的就业创业生态环境，通过一系列具体措施，全方位推动就业市场的繁荣与发展。具体包括拓展就业创业渠道、促进创业带动就业、促进高校毕业生就业、健全就业援助长效机制、支持劳动者提升职业技能、完善保障措施等方面。桐庐县的这一实施意见是全面而具体的，旨在通过多维度、多层次的政策措施，构建一个更加开放、包容、创新的就业创业环境，促进经济社会持续健康发展。

《桐庐县小微企业园建设提升财政专项资金管理办法》(桐经信〔2022〕18号)是桐庐县为了加快推进小微企业园建设，促进制造业高质量发展而制定的一项重要政策。该管理办法旨在通过设立财政专项资金，支持桐庐县小微企业园的建设和发展，包括数字化建设改造、公共生产配套设施建设、公共服务能力提升等方面，打造成桐庐特色产业集聚的新名片、园区改造提升的新阵地、优化招商引资的新载体、企业提档升级的新平台。其根本目的在于切实发挥财政资金使用绩效，推动小微企业园的高质量发展，助力桐庐县制造业的转型升级。

二、丽水市及下辖县（市、区）发布的相关政策

2015年以来，国家发展改革委会同有关部门分三批组织341个返乡创业试点县（市、区）开展支持农民工等人员返乡创业试点工作。丽水市庆元县、云和县、龙泉市、松阳县、莲都区、遂昌县被列为试点县（市、区），丽水市及下辖县（市、区）出台了一系列返乡创业财税扶持政策，见表2-8。

表2-8 丽水市及下辖县（市、区）发布的相关财税扶持政策（2015—2022年）

序号	政策名称	政策文号
1	丽水市人民政府关于支持大众创业促进就业的实施意见	丽政发〔2015〕78号
2	丽水市人力资源和社会保障局 丽水市财政局关于进一步加强创业培训工作的通知	丽人社〔2016〕102号
3	丽水市本级支持大众创业促进就业政策实施细则	丽人社〔2016〕166号
4	丽水市创业园认定管理办法（试行）	丽人社〔2017〕133号
5	丽水市人民政府关于做好当前和今后一段时期就业创业工作的实施意见	丽政发〔2018〕29号
6	丽水市本级就业创业扶持政策实施细则	丽人社〔2018〕333号
7	关于进一步规范丽水市本级创业培训补贴工作的通知	丽人社〔2020〕95号
8	丽水区创业担保贷款实施细则	丽人社〔2021〕30号
9	庆元县人民政府办公室关于转发《丽水市人民政府关于支持大众创业促进就业的实施意见》	庆政办发〔2015〕204号
10	关于做好庆元县创业担保贷款工作的通知	庆银发〔2017〕27号

续表

序号	政策名称	政策文号
11	庆元县人民政府办公室关于转发《丽水市人民政府关于做好当前和今后一段时期就业创业工作的实施意见》的通知	庆政办发〔2018〕186号
12	关于印发《云和县就业创业扶持政策实施细则》的通知	云人社〔2019〕62号
13	云和县人力资源和社会保障局关于进一步规范创业培训补贴工作的通知	云人社〔2020〕55号
14	云和县经济商务局 云和县财政局关于云和县2022年小微企业园建设提升工作财政专项资金使用方案的通知	云经商〔2022〕22号
15	关于云和县2022年小微企业园建设提升工作财政专项资金分配方案的通知	云经商〔2022〕37号
16	关于进一步规范龙泉市创业培训补贴工作的通知	龙人社〔2020〕37号
17	松阳县2016年度返乡创业试点县工作计划	松发改服〔2016〕86号
18	松阳县人民政府关于做好当前和今后一段时期就业创业工作的实施意见	松政发〔2018〕152号
19	关于印发《莲都区支持农民工等人员返乡创业实施办法》的通知	莲政办发〔2016〕82号
20	丽水市莲都区人民政府办公室关于印发莲都区农业农村高质量发展实施意见的通知	莲政办发〔2022〕55号
21	遂昌县人民政府转发《丽水市人民政府关于支持大众创业促进就业的实施意见》的通知	遂政发〔2016〕7号

《丽水市人民政府关于支持大众创业促进就业的实施意见》(丽政发〔2015〕78号)是丽水市为了深入实施就业优先战略,激发大众创业活力,并促进创业带动就业而制定的重要政策文件。丽水市积极响应国家号召,在该实施意见中明确提出要支持农民工返乡创业。落实定向减税政策,为返乡创业的农民工提供税收减免优惠,降低其创业初期的成本负担。实施普遍性降费政策,减少返乡创业农民工在行政事业性收费、政府性基金等方面的支出。这些政策的实施为小微企业和创业者提供了实质性的帮助和支持,有助于激发大众创业活力、促进就业增长和经济发展。

《丽水市人力资源和社会保障局 丽水市财政局关于进一步加强创业培训工作的通知》(丽人社〔2016〕102号)这一文件的发布,是在积极响应并贯彻落实

更高级别政策指导的基础上,针对丽水市的具体情况而制定的一项具体措施。旨在通过全面推进创业培训工作,进一步健全培训制度、创新培训模式、提升培训质量,为丽水市的经济社会发展贡献力量。

《丽水市本级支持大众创业促进就业政策实施细则》(丽人社〔2016〕166号)是一份全面而详细的政策文件,旨在深入实施就业优先战略,激发大众创业活力,促进创业带动就业。在支持创业扩大就业税收优惠政策资格认定、重点人群创业优惠政策、支持农村电子商务创业优惠政策、鼓励企业吸纳就业优惠政策、促进高校毕业生就业优惠政策、就业困难人员就业援助政策、就业创业服务优惠政策等方面制定了相关实施细则。该实施细则的出台,对于丽水市的大众创业和就业工作具有深远的意义。它不仅为创业者提供了全方位的政策支持,降低了创业门槛和成本,还为企业创造了更多的就业机会,促进了经济的持续发展。同时,该实施细则也体现了丽水市政府对就业创业工作的高度重视和积极作为。

《丽水市创业园认定管理办法(试行)》(丽人社〔2017〕133号)旨在深入实施"大众创业、万众创新",进一步加强劳动者创业平台建设,鼓励、引导和支持劳动者自主创业,促进以创业带动就业,在创业园的认定条件、认定程序、建设管理和考核、资金扶持等方面作了相关规定。

《丽水市人民政府关于做好当前和今后一段时期就业创业工作的实施意见》(丽政发〔2018〕29号)是一份旨在优化就业创业生态环境、促进创业带动就业、推动实现更高质量和更充分就业的重要文件。在坚持就业优先、拓展新兴业态就业渠道、优化创业生态、促进创业带动就业、构建长效机制、鼓励高校毕业生到基层就业创业、实施精准帮扶、促进各类群体就业创业、健全服务体系、提升就业创业服务水平、落实工作责任、切实加强组织领导等方面提出了相关实施意见。该实施意见的出台,对于丽水市乃至浙江省的就业创业工作具有重要意义。它不仅为创业者提供了全方位的政策支持,降低了创业门槛和成本,还为企业创造了更多的就业机会,促进了经济的持续发展。

《丽水市本级就业创业扶持政策实施细则》(丽人社〔2018〕333号)是一份旨在优化就业创业生态环境、确保各项就业创业政策全面落实的重要文件。从创业相关扶持政策的申请办理、用人单位吸纳就业相关扶持政策的申请办理、高校毕业生就业相关扶持政策的申请办理等方面制定了相关实施细则。该实施细则的出台，对于进一步优化丽水市就业创业生态环境、确保各项就业创业政策全面落实具有重要意义。它不仅为创业者和用人单位提供了明确的政策指导和操作流程，还通过具体的补贴和贷款支持措施，降低了创业和就业成本，激发了创业活力，促进了就业增长。同时，该实施细则也有助于提升丽水市就业创业服务的质量和效率，为经济社会发展注入新的动力。

《关于进一步规范丽水市本级创业培训补贴工作的通知》（丽人社〔2020〕95号）是一份旨在进一步规范丽水市本级创业培训补贴工作的重要文件。该通知不仅明确了补贴对象、培训项目、补贴标准、补贴方式等方面的具体规定，还加强了对培训机构的监管和认定工作，确保了创业培训工作的规范性和有效性。对于进一步规范丽水市本级创业培训补贴工作、提高创业培训质量和效果具有重要意义。同时，也有助于激发创业者的创业热情，提高创业成功率，为丽水市的经济社会发展注入新的活力。

《丽水市区创业担保贷款实施细则》（丽人社〔2021〕30号）旨在充分发挥创业担保贷款在促进创业带动就业中的重要作用，助推大众创业、万众创新，推动金融要素助力"双招双引"。文件从贷款条件和用途、贷款额度利率和期限、贷款办理程序、贷款担保及管理、财政扶持等方面作了相关规定。在财政扶持方面，对符合条件的创业担保贷款借款人给予一定的贷款贴息。

《庆元县人民政府办公室关于转发〈丽水市人民政府关于支持大众创业促进就业的实施意见〉的通知》（庆政办发〔2015〕204号）在创业担保贷款、创业资金扶持、创业平台等各个方面给予政策支持，鼓励农民工、青年返乡创业。

《关于做好庆元县创业担保贷款工作的通知》（庆银发〔2017〕27号）为进一步支持大众创业、促进就业，从贷款对象和条件，贷款额度、利率和期限，申请贷款程序和要求，贴息申请程序和要求，创业担保基金代偿及创业担保贷款手续费补贴等方面作了相关规定，重点解决返乡农民工、青年创业融资难问题。

《庆元县人民政府办公室关于转发〈丽水市人民政府关于做好当前和今后一段时期就业创业工作的实施意见〉的通知》（庆政办发〔2018〕186号）的核心目的，在于积极响应并执行上级政府——丽水市人民政府发布的关于就业创业工作的实施意见（丽政发〔2018〕29号）。通过转发并落实该实施意见，庆元县人民政府旨在在以下几个方面取得进展：加大就业创业扶持力度、营造良好的创业氛围、促进经济转型升级及保障民生福祉。这一通知是地方政府积极响应上级政策，结合本地实际情况，采取措施促进就业创业，推动经济社会发展的重要举措。它体现了政府对民生问题的关注，以及对促进经济持续健康发展的决心。

《关于印发〈云和县就业创业扶持政策实施细则〉的通知》（云人社〔2019〕62号）是一份旨在细化和落实就业创业扶持政策的重要文件。其目的是进一步优化云和县的就业创业生态环境，并确保之前发布的各项就业创业政策能够得到全面、有效的实施。该通知制定了具体的实施细则，涵盖了创业相关扶持政策的申请办理、用人单位吸纳就业相关扶持政策的申请办理以及高校毕业生就业相关扶持政策的申请办理等多个方面。这些细则的制定，为各类就业创业主体提供了更加明确、具体的政策指导和申请流程，有助于降低政策门槛，提高政策执行效率。特别值得一提的是，该通知还明确鼓励农民工、青年返乡创业。这一举措不仅有助于促进当地经济的发展，还能有效缓解农村剩余劳动力问题，推动城乡经济的协调发展。

《云和县人力资源和社会保障局关于进一步规范创业培训补贴工作的通知》（云人社〔2020〕55号）根据《浙江省财政厅 浙江省人力资源和社会保障厅关于印发浙江省就业补助资金管理办法的通知》（浙财社〔2019〕40号）、《丽水市人力资源和社会保障局 丽水市财政局关于进一步加强创业培训工作的通知》（丽人社〔2016〕102号）、《关于印发云和县职业技能提升行动实施方案（2019—2021年）的通知》（云人社〔2020〕20号）精神，为进一步规范云和县创业培训补贴工作，就补贴对象、培训项目、补贴标准、补贴方式、培训监管及培训机构认定等事项作了相关通知。

《云和县经济商务局 云和县财政局关于云和县2022年小微企业园建设提升工作财政专项资金使用方案的通知》（云经商〔2022〕22号）根据浙江省委、省政府办公厅《关于加快小微企业园高质量发展的实施意见》（浙委办发〔2018〕59号）和浙江省财政厅《关于下达2022年省中小企业发展专项资金的通知》（浙财建〔2022〕29号）等文件要求，规范云和县小微企业园建设提升工作财政专项激励资金使用管理，发挥财政专项资金使用绩效，优化小微企业创新创业环境，促进小微企业园高质量发展，结合云和县实际制定方案。资金来源为浙江省财政对山区26县和海岛偏远地区小微企业园建设提升财政专项激励资金500万元。小微企业园专项资金按照"独立核算、专款专用、公开透明、规范管理"的原则，重点支持经省市县认定，对全县小微企业园高质量发展具有示范作用的重点园区进行建设及提升。补助对象为小微企业园建设项目投资主体及在区内注册的具有独立法人资格、无违法违规行为、从事小微企业园运营的管理机构。重点鼓励小微企业园推进数字化平台建设、鼓励小微企业园推进智能化设备建设、提升，支持小微企业园绿色发展改造等。

《关于云和县2022年小微企业园建设提升工作财政专项资金分配方案的通知》（云经商〔2022〕37号）对云和县小微企业园建设提升工作财政专项激励资金的具体分配情况进行了说明，针对云和县5个省定小微企业园没有运营机构的现状，经研究由云和县工投经济开发有限公司作为代建方，具体落实专项资金申报，完成具体项目前期工作办理及项目实施等阶段的全过程建设管理、竣工验收、项目移交和工程结算、财务决算过程中的相关工作。并对资金拨付、监督管理等方面也作了规定。

《关于进一步规范龙泉市创业培训补贴工作的通知》（龙人社〔2020〕37号）是龙泉市为响应上级政策、规范当地创业培训补贴工作而发布的重要文件，目的在于进一步规范龙泉市创业培训补贴工作，确保资金有效使用，提升创业培训质量。补贴对象为法定劳动年龄内有创业愿望的重点培训对象、城乡劳动者和在校大学生（含技工院校在校生）。补贴条件为参加创业培训并取得创业培训合格证书。文件重点在培训项目、补贴标准、补贴方式、培训监管、培训机构认定等方面作了具体规定，旨在提升创业培训质量，促进创业就业。

《松阳县2016年度返乡创业试点县工作计划》（松发改服〔2016〕86号）明确提出应当加快电子商务集聚平台建设，加快民宿及农家乐等乡村旅游产业发展，强化基础设施能力，为农民工等人员返乡创业提供平台。积极探索资金渠道多元化，设立政府产业引导基金，重点通过财政支农、税收减免、价格支持等多种手段，引导和激励电子商务各相关产业及经营主体快速发展。拓展金融信贷服务，通过服务创新，为电子商务从业人员提供手续简便、办理快捷、灵活实用的金融服务产品。积极推广松阳田园乡村惠农担保互助社创新做法，引导返乡人员积极加入村级担保互助社或专业合作社（涉农行业协会）融资担保互助组织，解决返乡人员创业融资担保需求等问题。

《松阳县人民政府关于做好当前和今后一段时期就业创业工作的实施意见》（松政发〔2018〕152号）是针对松阳县就业创业工作提出的一份全面而具体的实施意见。该意见旨在贯彻落实丽水市人民政府关于就业创业工作的实施意见，进一步优化松阳县的就业创业生态环境，通过促进创业带动就业，推动实现更高质量和更充分的就业。针对支持创业平台建设、大力支持返乡下乡就业创业、扶持生产经营主体、金融支持与职业培训及拓宽就业创业渠道等方面提出了相关意见。这些政策的实施将有助于优化松阳县的就业创业生态环境，促进创业带动就业，推动实现更高质量和更充分的就业。

《关于印发〈莲都区支持农民工等人员返乡创业实施办法〉的通知》（莲政办发〔2016〕82号）是莲都区为贯彻落实国家及省市关于支持农民工等人员返乡创业的相关政策，进一步引导和鼓励外出农民工等人员返乡创业，推进新型城镇化建设而制定的重要文件。主要扶持对象为农民工、大学生和退役士兵等莲都区户籍、外出一年以上、返回本区创业和就业的人员。扶持政策主要包括定向减税和普遍性降费政策、小微企业扶持政策、失业保险费率调整及其他扶持政策。该文件通过明确扶持对象、落实扶持政策等措施，为返乡创业人员提供了有力的支持和保障。

《丽水市莲都区人民政府办公室关于印发莲都区农业农村高质量发展实施意见的通知》（莲政办发〔2022〕55号）提出要落实支持农民创业创新等政策措施。鼓励培育新农人，加快培养生产经营型、专业技能型、社会服务型等莲都新农人。对新通过民宿管家、农业数字化技术员等农业系列职业资格认定的，给予每人0.5万元奖励补助（以下简称奖补）。每年组织开展超市经理人、民宿经理人、农业科技带头人、乡村工匠、乡村网红（带货达人）、非遗传承人、农三师等十佳评选活动，对评选为十佳人员的，给予每人0.5万元奖励。鼓励"两进两回"。全日制普通高校专科及以上学历、年龄35周岁以下，牵头兴办区级及以上规范化农民专业合作社且担任理事长,或专职从事种植业、养殖业,符合条件的给予每人每年1万元奖补,连续奖补3年。鼓励低收入农户就业增收。对直接吸纳在册低收入农户、低边户就业,并签订1年以上劳动合同的经营主体,给予每人每年1000元的奖补。对临时雇用低收入农户、低边户当年临时用工累计超60天的经营主体,每雇用一人给予500元奖补。对帮带无劳动和技术能力的低收入农户发展产业实现增收的,按低收入农户实际获得净收入的20%对帮带主体或个人给予奖补,每个低收入家庭的帮带主体或个人最高奖补不超过2000元。

《遂昌县人民政府转发〈丽水市人民政府关于支持大众创业促进就业的实施意见〉的通知》(遂政发〔2016〕7号)是遂昌县人民政府为鼓励农民工、青年返乡创业,结合遂昌县实际,在创业担保贷款、创业资金扶持、创业平台等各个方面给予政策支持的重要文件。政策的发布有利于激发创业活力、促进就业增长及推动产业升级。

上述各级政府出台的返乡创业财税扶持政策,体现了对农民工返乡创业的高度重视和大力支持。比较常见的政策有:一是建立创业投资担保基金,政府出资建立返乡农民工创业投资担保基金,旨在通过财政资金的引导作用,吸引大量社会资金支持返乡农民工创业。运作模式是引入符合资质的金融机构和类金融机构作为基金管理机构,确保基金的专业化运作,聘请职业经理人负责基金的日常管理和风险控制,提高基金的运营效率,政府给予合理化投资建议,但不直接参与基金的具体运作,保持基金的独立性和自主性。为资金紧缺且缺乏有效信贷资质的返乡农民工创业投资项目提供信贷担保支持,降低其融资难度。通过财政资金的杠杆作用,撬动社会资金支持返乡创业,促进农民工创业项目的快速发展。二是提供税收优惠政策,从税率和税额两方面给予优惠。从税率上给予优惠,降低返乡农民工创业项目的税负,从税额上给予优惠,直接减少返乡农民工的创业成本。为农民工返乡创业项目提供更多的资金支持,使其能够用更多的资金来从事科技创新和技术改进。提升农民工返乡创业项目的成功概率,促进创业项目的长期发展。对于处于创业初期的小微型创业项目来说,税收优惠政策有助于其迅速提升创富能力。三是针对小微企业税收优惠政策,确保返乡农民工创业的小微企业的纳税能力与其缴税负担相平衡。有利于返乡农民工迅速提升创业项目的盈利

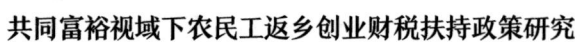

能力；有利于税务部门通过早期减税政策来夯实地方税收基础，实现区域经济体的长期受益目标；有利于增强各级政府税收的远期征税能力，为地方经济的持续发展提供有力支持。

总体来说，各级政府出台的返乡创业财税扶持政策内容丰富、针对性强，为农民工返乡创业提供了有力的支持和保障。这些政策的实施将有助于激发农民工的创业热情，促进农村经济的持续发展。

第三章

财税扶持政策与创新创业

创新创业是赢得未来的基础和关键,是加快培育发展新动能、实现更充分就业和经济高质量发展的重要途径。自 2015 年以来,各级政府各有关部门相继出台了配套财税扶持政策鼓励创新创业,包括落实定向减税和普遍性降费政策、加大财政支持力度等政策措施。同时,在全面推进乡村振兴、实现共同富裕的道路上,也出台了一系列农民工返乡创业财税扶持政策,本书已在第二章进行了具体分析。

步入"十四五"时期,创新处于国家现代化建设全局中的核心地位,这不仅体现了创新对于推动经济社会高质量发展的关键作用,也预示着在未来一段时间内,我国将更加重视创新体系的构建与优化。企业作为科技创新的主体,其创新活力的激发与保护成为实现这一目标的关键。然而,由于创新研发活动本身所具有的高风险、高投入、长周期及外部性等特点,企业在没有足够外部支持的情况下,往往难以维持高强度的研发投入,这就需要政府通过合理的政策手段进行干预和引导。

财税扶持政策,作为政府介入创新活动的重要方式,通过直接的资金补助或间接的税收优惠,为企业创新提供了重要的动力。关于财税扶持政策与创新创业的关系,很多学者进行过相关研究,政府补助和税收优惠政策是最受学者们关注的普惠性财税扶持政策,二者的影响路径和激励效果不尽相同。政府补助有助于企业降低创新风险、引导创新方向、产生信号效应。税收优惠政策有助于减轻企业税负、激励持续创新、促进成果转化。本章重点对部分观点进行分析。

第一节 政府补助激励创新创业的研究

政府补助是政府为实现特定政策目标而采取的一种重要宏观调控方式。它表现为政府直接且无偿地向满足政策要求的企业提供具有明确用途的资产支持，这些资产既包括货币形式，也涵盖非货币形式，且不属于资本性投入。在市场机制不完全有效的情况下，企业的技术创新往往面临溢出效应的挑战，即专利技术等容易被其他企业模仿。同时，创新研发活动本身也需要企业承担不小的资金风险。政府补助在此发挥了关键作用，它作为一种直接且前置的激励措施，能够有效缓解企业在创新研发过程中遇到的资金难题，进而间接降低研发成本，提升创新企业的实际收益。更重要的是，政府补助还能对企业创新活动的外部性进行有效校正，促进技术创新的健康发展。简而言之，政府补助不仅为企业技术创新提供了有力支持，还通过降低风险和成本，增强了企业的创新动力和实际效益。

现有研究指出，政府补助对企业创新的激励作用主要体现在两方面：一方面，政府补助能够减轻企业的负面外部影响，并传递出积极信号，从而鼓励企业加大创新力度；另一方面，政府补助也可能替代企业原本用于创新的研发资金，进而对企业创新产生抑制作用。

一、政府补助正向激励创新创业

在政府补助对企业创新产生正向激励的领域，国外的研究起步早于国内。早在20世纪60年代，汉堡（Hamburg，1966）就通过研究证实了政府补助与企业研发费用投入之间存在正向关联。随后，勒纳（Lerner J，1999）和苏拉克（Saul Lach，2002）等学者的研究也进一步表明，政府补助不仅能显著降低制造业企业在创新过程中面临的风险，还能有效补偿企业因创新而产生的成本，从而为企业创新提供有力的支持。

国内众多学者同样支持政府补助对企业创新具有正向激励作用的观点。程华等（2008）在此基础上，通过深入的文献研究，构建了一个关于企业研发投入产出的计量模型。他们利用我国大中型工业企业的实际数据，系统地评估了政府科技资助、企业自筹研发资金以及金融机构贷款等多种因素对企业研发产出的具体影响，并进一步探讨了政府资助的力度以及企业的技术特征如何影响政府科技资助与企业研发产出绩效之间的关系。研究结果显示：政府科技资助确实能够显著促进企业的研发产出，但其效果相较于企业自筹的研发资金而言略显逊色；对于中等资助力度的产业，政府科技资助的促进作用尤为明显；同时，政府科技资助也显著提升了低技术和中低技术产业的研发产出，而金融机构贷款对企业研发产出的影响则相对不显著。

解维敏等（2009）选取了中国证券市场2003—2005年的上市公司作为研究对象，实证检验了政府研发资助与上市公司研发支出之间的关系。他们主要关注的是政府研发资助究竟是促进还是抑制了企业的研发投资。研究结果显示，政府研发资助实际上促进了企业的研发支出，由此得出结论，政府补助有助于降低企业的融资约束水平。

朱云欢等（2010）通过实证分析，探究了财政补贴对企业研发活动的影响。研究指出，财政补贴在一定程度上弥补了企业因研发创新外部性所承担的成本与收益风险。相比之下，税收优惠在激励企业研发方面表现出更为显著的效果。此外，企业的研发活动还紧密关联于其规模、市场销售状况以及过往积累的技术与知识。为了提升我国财政研发补贴的效率，研究建议应着重扩大研发项目的外部影响力，并确保财政补贴的合理分配与有效监管。

郑春美等（2015）选取创业板331家上市高新技术企业为样本，实证研究了政府财政激励政策对中小型高新技术企业创新绩效的影响，并对比分析了政府补助与税收优惠这两种主要政策工具的效果。研究结果显示，政府补助对企业创新具有显著的激励作用；而税收优惠则未能有效提升企业创新绩效，甚至在某些情况下产生了负面影响。

张志元等(2020)利用2007—2017年省际面板数据，运用中介效应模型，基于供给侧改革视角研究了政府补助对企业创新的影响以及其中技术获取模式的中介效应。研究发现：政府补助显著提升了企业创新水平，供给侧改革加强了这种促进作用；政府补助通过影响企业自主创新投入、国内技术购买以及国外技术引进作用于企业创新；国外技术购买在企业创新中产生了一定的负向效应，供给侧改革对其具有一定纠偏作用；政府补助对企业创新的影响机制受制于区域的金融效率、产业结构水平。基于此，从政府和企业两个视角提出了优化财政支持模式、注重内部研发投入等政策建议。

王维等（2017）利用2010—2015年新能源汽车行业上市公司的面板数据，对政府补助的不同方式进行了区分，并实证分析了政府研发补助与非研发补助对企业绩效的具体影响。研究发现，政府研发补助显著提升了企业的创新绩效；同时，政府非研发补助与企业的经营绩效呈现显著正相关，且这种补助还通过提升企业经营绩效，间接促进了企业的研发投入。此外，企业研发投入在政府补助与企业创新绩效之间起到了部分中介作用，并进一步根据企业成长性对样本进行分组分析，结果显示政府研发补助对高成长性企业的创新绩效具有显著的促进作用，而对低成长性企业则无显著影响；政府非研发补助对所有企业的经营绩效均有显著正向影响，且对高成长性企业的影响更为突出。

杨芷晴(2016)为考察不同的产权性质对企业获得财政补贴质与量的影响，利用570家制造业企业的一手调查数据，在控制企业政治关联、市场竞争环境以及行业效应、地区效应、企业特征的基础上，实证测度了不同产权性质下的财政补贴对企业绩效的影响。结果表明：在控制了其他变量后，国有企业比民营企业有更大的概率获得财政补贴；垄断从一定程度上加剧了这种效应，并进一步阻碍了财政补贴对企业的效率促进；由于产权性质的不同，财政补贴对企业绩效的影响会产生差异，但对不同产权类型的企业都具有显著的负面影响。

二、政府补助负向激励创新创业

在政府补助可能对企业创新产生负向激励的方面，国外多位学者提供了不同视角的研究。施里夫斯（Shrieves，1978）和瓦尔斯滕（Wallsten，2000）研究发现，政府补助有时会挤出科技产业的研发投入。这意味着，当政府提供补助时，企业可能会减少自身的研发投入，因为它们在某种程度上依赖政府资金，从而降低了自主研发的动力。波音（Boeing，2016）则提出了另一个观点，他认为政府补助可能会增加整个市场对研发资源的需求。这种需求的增加会导致研发资源(如科研人才、设备、材料等)的价格上涨,从而间接提升了创新企业的研发成本。成本的上升可能会抑制企业创新研发的积极性,因为企业需要权衡研发投入与预期收益之间的关系。

国内也有部分学者提出存在显著的挤出效应。张杰等(2015)的研究针对中国情境下政府创新补贴政策对企业私人研发投入的影响进行了深入分析,构建了一个理论模型,并利用中国科技部的"科技型中小企业技术创新基金"和中国工业企业数据库的合并数据进行了实证检验。研究发现,在中国情境下,政府创新补贴对中小企业私人研发并未表现出显著的总体效应。这表明,政府补贴并不总是能够有效促进企业增加私人研发投入,并进一步研究揭示了知识产权保护制度完善程度对政府创新补贴政策效果的影响。在那些知识产权保护制度较弱的地区,政府创新补贴政策反而更能促进企业私人研发的提升。这可能是因为,在知识产权保护较弱的环境下,企业自主研发的风险较高,而政府补贴提供了一定的保障,降低了企业的研发风险。此外,研究还发现不同类型的政府创新补贴政策对企业私人研发的影响存在差异。贷款贴息类型的政府创新补贴政策对企业私人研发产生了显著的挤入效应,即促进了企业增加研发投入。而无偿资助等类型的政府创新补贴政策则未产生如此的挤入效应。最后,研究还考察了金融发展对政府创新补贴政策效果的影响。在金融发展滞后的地区,贷款贴息类型的政府创新补贴政策对企业私人研发的挤入效应更强。这可能是因为,在金融发展不足的地区,企业融资难度较大,而贷款贴息政策降低了企业的融资成本,从而更有效地促进了企业的研发投入。

李楠等(2016)的研究聚焦于2007—2014年中国重污染行业沪深A股上市公司,深入探讨了政府环保政策对企业技术创新的影响。研究结果表明,政府环保补助对企业技术创新有促进作用,政府提供的环保补助在一定程度上能够激励企业进行技术创新。这可能是因为环保补助为企业提供了额外的资金支持,使得企业有更多的资源投入研发活动中,从而推动技术创新。但是,政府环保补助的力度过大可能会削弱企业的技术创新。这可能是因为过度的补助可能导致企业产生依赖心理,减少自主研发的动力;或者是因为补助资金的使用效率不高,没有有效转化为技术创新成果。政府的环境规制政策同样有利于促进企业的技术创新,环境规制通常要求企业采用更环保、更高效的生产方式,这迫使企业进行技术创新以适应新的环保标准。不同地区有差异性，在东部地区，由于经济较为发达，企业通常拥有更多的资源和更强的技术创新能力。因此，在这些地区，政府的环境规制政策更能有效地促进企业的技术创新。相比之下，在非东部地区，由于经济相对落后，企业可能面临更多的资金和技术约束。在这些地区，政府实施环保补助政策的效果可能更好，因为补助能够直接为企业提供资金支持，缓解其资金压力，从而间接促进技术创新。

李万福等（2017）深入探讨了政府创新补助与企业研发投资之间的关系，以及这种关系如何受到企业行业属性、内部控制水平和外部环境的影响。研究结果表明，政府创新补助与企业研发投资正相关但激励不足，尽管政府创新补助与企业总体研发投资呈正相关关系，即政府补助的增加在一定程度上促进了企业的研发投资，但这种促进作用并不充分。具体来说，政府直接给予企业的创新补助每增加1单位，带来的研发投资增量显著小于1，这表明政府补助的激励效应有限。进一步分析发现，随着政府创新补助的增加，企业自身的创新自主投资在减少。这表明政府补助可能在一定程度上替代了企业的自主投资，产生了挤出效应，即政府补助并未有效激励企业增加自身的研发投入。同时，企业行业属性、内部控制水平及外部环境对创新补助的激励效应有显著影响。

三、政府补助政策激励产生差异的原因

政府补助对企业创新的激励效果并非一成不变，而是可能因多种因素而呈现出正面或负面的影响。这种政策激励产生差异的原因，已经得到了学术界的广泛研究和探讨。艾伦（Allen Sr.，2008）的观点特别强调了补贴政策需要与企业创新活动的阶段相匹配。企业的创新过程往往经历从研发、试验到商业化的多个阶段，每个阶段的需求和挑战都不尽相同。因此，政府补助政策应该根据企业创新活动的具体阶段来制定和调整，以确保补助能够精准地支持企业的创新需求。

岳怡廷等（2017）的研究基于创新投入对资金来源的敏感度，通过对2007—2015年沪深两市企业数据的分析，揭示了企业创新投入资金来源的多个重要特征。从企业性质与资金来源看，国有企业的创新投入资金主要来源于政府补助。这与国有企业的特殊地位和政府对其的支持政策有关。国有企业通常承担着更多的社会责

任和国家战略任务,因此政府更倾向于通过补助来支持其创新活动。非国有企业的创新投入资金主要来源于内部融资。非国有企业相比国有企业,在获取政府补助方面可能面临更多的竞争和限制,因此更倾向于依靠自身的资金积累来支持创新。从企业技术类型与资金来源看,高技术企业的创新投入资金主要来源于政府补助。高技术企业通常具有较高的研发强度和风险,政府补助可以为其提供更多的资金支持来帮助企业分担创新风险,从而鼓励其进行更多的创新活动。非高技术企业的创新投入资金主要来源于内部融资。非高技术企业可能更注重短期的经济效益和市场份额,因此更倾向于使用内部资金来进行创新投入。从经济环境与资金来源变迁看,2007—2015年,上市企业创新投入资金的主要来源呈现出"政府补助→内部融资与股权融资→政府补助"的变迁趋势。这反映了外部经济环境对企业创新投入资金来源的影响。在经济环境波动较大的时期,企业可能更倾向于使用政府补助来降低风险和成本;而在经济环境相对稳定的时期,企业可能更倾向于使用内部融资和股权融资来支持创新活动。从政府补助与企业资质、实力的匹配看,企业所受政府补助力度要与企业资质和实力相匹配。政府补助过多或过少,都可能导致政府补助政策没有效果。过多的补助可能导致企业缺乏创新动力和压力,而过少的补助则可能无法满足企业的创新需求。因此,政府在制定补助政策时,需要充分考虑企业的实际情况和需求,以确保补助政策的有效性和针对性。

施建军等(2021)在界定企业创新能力概念与维度的基础上,利用2010—2018年中国A股上市公司数据,全面地考察了政府补助对企业创新能力的影响,并基于企业规模、产品市场竞争、知识产权保护进行了异质性检验。研究发现:政府补助规模与企业创新能力呈浅U型关系,即只有当补助规模超过适度值后,政府补助才能真正起作用,提高企业创新能力,具体表现为创新质量、创新效率及创新可持续性三方面的整体提升。进一步的异质性检验结果显示,上述浅U型关系仅在大型企业及高知识产权保护下成立,而在高市场竞争强度下,政府补助与创新质量之间是正向的线性关系。研究结果表明,政府补助发放过程中应"抓重点,重质量,轻数量",以避免由于补助规模较小所导致的负向影响;并且,政府补助可更多地向重点企业倾斜,如大型企业以及处于高市场竞争强度与高知识产权保护中的企业。

此外还有部分学者深入探究会影响政府补助激励企业创新效果的调节因素，梁彤缨等(2017)运用倾向得分匹配法检验了政府研发补贴对企业自身研发投入的影响，以及不同融资约束背景下政府研发补贴诱导效应的差异。实证结果显示，政府研发补贴对企业自身研发投入具有诱导作用；在强融资约束背景下，政府研发补够更有效地刺激企业加大自身研发力度，诱导效应更强。

法成迪(2020)的研究深入探讨了政府补贴与税收优惠对中国A股上市公司研发投入的激励作用，以及这两种政策工具在不同区间内的相互配合效果。从政府补贴与税收优惠的单独激励效果看，政府补贴和税收优惠都能有效激励企业进行研发投入。这表明，无论是直接的资金支持还是通过减轻税负来降低企业成本，都能在一定程度上促进企业的研发活动。税收优惠的激励效果相较于政府补贴更为显著。这可能是因为税收优惠通常更为灵活，能够更直接地降低企业的实际税负，从而提升企业的研发动力。研究进一步采用门槛回归模型，分析了政府补贴与税收优惠在不同区间内的配合效应变化。这种分析方法有助于更准确地揭示两种政策工具在不同条件下的相互作用。结果显示，税收优惠激励创新的效果会受到政府补贴强度的影响。当政府补贴较低时，税收优惠的激励效果较强；而当政府补贴过高时，则可能产生政策的挤出效应。这意味着，过高的政府补贴会削弱税收优惠的激励作用，因为企业可能更倾向于依赖政府补贴，而减少自主研发投入。相反，政府补贴的创新激励效果会随着税收优惠幅度的增大而不断增强。这表明，税收优惠政策的实施可以增强政府补贴的激励效果，两者在一定程度上具有互补性。但需要注意的是，这种互补性并非无限制的，当税收优惠幅度过大时，也可能会对政府补贴的实际激励效果产生挤出效应。

第二节　税收优惠激励创新创业的研究

税收优惠政策是政府为了实现特定的政策目标，如促进经济增长、鼓励创新、支持特定行业或地区发展等而采取的一种宏观调控手段。通过减轻或免除部分课税对象的税收负担，政府可以影响市场主体的经济行为，进而达到调控市场的目的。税收优惠政策的类型包括：税基式优惠，即通过缩小计税依据来减轻税收负担，如允许企业加计扣除某些费用；税率式优惠，即通过降低税率来减轻税收负担，如对企业所得税实行优惠税率；税额式优惠，即直接减少应纳税额，如税收抵免。税收优惠政策通过降低企业的税收负担，增加企业的税后利润，从而间接促进企业增加创新研发投入。与政府补助政策相比，税收优惠政策是一种间接性的资金激励，不需要政府直接拨付资金。目前，针对企业创新活动的税收优惠政策较多，主要以企业所得税优惠为主，增值税等税种也涉及一些优惠政策。税收优惠政策是政府调控市场、实现政策目标的一种重要手段，通过降低企业的税收负担，间接促进企业增加创新研发投入，推动经济增长和产业升级。

一、税收优惠正向激励创新创业

税收优惠政策的激励效应受到了广泛关注。部分国外学者，如曼索（Manso，2011）等已经通过研究证实税收优惠政策可以显著激励企业创新。

国内学者卢方元等（2016）根据2003—2014年中国高技术产业的省级面板数据，构建随机前沿模型，考察政府财政补贴与税收优惠政策对研发效率的影响，分析政府财政补贴与税收优惠政策效果的影响因素。研究结果表明：政府的财政补贴与税收优惠政策显著提升了高技术产业的研发效率，并且高技术企业自身研发投入、企业规模与地区因素会对政府财政补贴与税收优惠政策效果产生不同程度的影响。这在总体上说明税收政策可以提升企业的研发效率，同时提升高技术产业的市场转化率。

陈如雪（2020）的研究基于制造业上市公司2012—2016年的数据，深入分析了税收优惠政策对企业研发投入的激励效果，并揭示了这些效果在不同行业和产权性质间的差异。税收优惠政策在激励企业研发投入方面确实产生了一定的正向效应，这表明税收优惠政策是促进企业创新的有效手段之一，但存在行业差异和产权性质差异。行业差异方面，在资本密集型行业中，税收优惠政策的激励作用显著。这主要是因为资本密集型行业通常需要大量的资金投入，而税收优惠政策能够减轻企业的资金负担，从而激励其增加研发投入。相比之下，在劳动密集型

和技术密集型行业中，税收优惠政策的激励作用则不显著。这与这些行业的特点和税收政策的设计有关，需要进一步的研究和分析。在产权性质差异方面，对于非国有企业，税收优惠政策发挥了显著的激励作用，刺激了它们显著增加研发支出。这主要是因为非国有企业更加关注成本控制和利润最大化，而税收优惠政策能够直接降低它们的税收负担，从而增强其研发投入的意愿。然而，对于国有企业，税收优惠政策则没有起到明显的激励作用。这与国有企业的特殊性质和管理机制有关，需要探索更适合国有企业的激励方式，并提出要促进税收激励方式多元化、设置差别化的税收激励标准、构建完善的税收体系、提升政策的可操作性。

二、税收优惠负向激励创新创业

部分学者认为税收优惠政策对企业创新的激励是无效的，甚至可能会产生一定的抑制影响。如国外学者普夫（Puff，2005）的研究指出，增量税收抵免政策在医疗行业中的刺激效应有限。这可能是因为医疗行业的特殊性，如研发周期长、投入大、风险高等，使得税收优惠政策难以在短时间内产生显著的激励效果。同时，研究还发现该政策对软件行业产生了较明显的阻碍作用。这可能是因为软件行业的竞争激烈，税收优惠政策的实施并未能有效提升企业的竞争力，反而可能因为政策的不完善或执行不当而给企业带来额外的负担。

黄惠丹等(2019)的研究通过构建一个动态面板模型，深入分析了中国2012—2015年高新技术企业所享受的15%税率式研发税收激励政策的效果。这项研究基于全国税收调查数据，这一数据集是高新技术企业可获得的最大企业层面数据集，确保了研究的广度和深度。通过税收研发激励的弹性系数分析发现，无论长期还是短期，税收研发激励的弹性系数均位于0到1之间。这表明，虽然15%的税率式研发激励政策在一定程度上挤出了政府的税收收入，但它并未如预期那样显著增加企业的研发支出。这一发现意味着，尽管政策旨在通过税收优惠鼓励企业增加研发投资，但实际上，这种激励措施对企业研发支出的提升作用有限。在挤入效应及其异质性方面，研究发现，15%税率式研发激励政策对企业创新具有一定的挤入效应，即政策在某种程度上促进了企业的创新活动。然而，这种挤入效应并非对所有企业都相同。它更显著地体现在东部企业、外资企业、衰退型企业和制造企业中。这表明,政策效应在不同类型的企业之间存在显著差异,可能与企业的地理位置、所有制类型、经营状态以及行业特性等因素有关。

此外还有学者发现税收优惠政策和企业创新之间存在较复杂的联系,如林洲钰等(2013)研究发现:一是税率降低政策和研发费用抵扣政策是两种主要的税收优惠手段。这两种政策通过直接(如税率降低直接减轻企业负担)和间接(如研发费用抵扣鼓励企业增加研发投资)的方式共同促进企业技术创新。两者之间存在互补关系,即一种政策的实施可以增强另一种政策的效果。二是税收激励强度与企业技术创新水平之间并非简单的线性关系,而是呈现出倒 U 型曲线。当税收激励强度适中时,能够显著促进企业技术创新;但当激励强度过高时,可能会产生抑制效应,这可能是由于过高的激励导致资源配置扭曲或企业过度依赖税收优惠而忽视了自身的创新动力。三是减税政策对于大型企业、装备制造业企业、市场化程度较高地区企业、法律约束水平较高地区企业和税费负担较重地区企业的技术创新活动的促进作用更大。这可能是因为这些企业通常具有更强的研发能力和更高的研发投入,减税政策能够更有效地激发它们的创新活力。四是研发费用抵扣政策对于中小企业的技术创新活动的促进作用更大。中小企业通常面临资金紧张、研发投入不足的问题,研发费用抵扣政策能够减轻它们的财务负担,鼓励它们增加研发投资。五是税收政策与补贴政策在影响企业技术创新方面存在政策效应相互抵消的现象。这可能是因为两种政策的目标和机制不同,如果配合不当,可能会产生冲突或重复,从而削弱政策效果。

蓝锦秀(2020)的研究深入分析了税收优惠和财政补贴政策对我国创业板企业创新产出水平的影响,以及这些政策在不同企业生命周期阶段的作用差异。研究发现:一是税收优惠和财政补贴政策与企业创新产出水平的倒 U 型关系,初期阶段,税收优惠和财政补贴政策均对企业的技术创新产生正向影响,表明政策在初期能够有效激发企业的创新活力。然而,当政策力度超过一定水平后,会对企业的创新产出产生抑制效应。这可能是由于政策过度干预导致市场机制扭曲,或者企业过度依赖政策而忽视了自身的创新动力。值得注意的是,税收优惠的最优水平高于财政补贴的最优水平。这意味着在促进企业创新方面,税收优惠政策相比财政补贴政策具有更大的操作空间和更长的有效期。二是不同生命周期企业政策激励作用的差异，对于引入期和成长期的企业，由于它们主要面临资金不足的困境，财政补贴政策更适宜。这是因为财政补贴能够直接提供资金支持，缓解企业的资金压力，从而鼓励它们进行技术创新。对于成熟期和衰退期的企业，由于资金相对充沛，财政补贴可能会对企业的技术创新投入产生挤出效应。此外，政府补助通常由政府固定研究项目，存在不确定性等特点，这可能导致企业缺乏自主创新的积极性和动力。因此，在这个阶段，税收优惠政策的激励作用优于财政补贴。三是财税政策最优水平在不同生命周期企业的差异，在验证了财税政策对创业板企业的激励效果呈倒 U 型的情况下，研究发现财税政策的最优水平在不同生命周期企业中的表现也有所不同。对于引入期和成长期的企业，由于自身资金不足，财税政策几乎不存在挤出效应。因此，在这个阶段，政策的最优水平相对较高，可以充分发挥政策的激励作用。相反，对于成熟期和衰退期的企业，由于资金相对充沛和可能存在的政策挤出效应，政策的最优水平相对较低。这意味着在这个阶段，政策制定者需要更加谨慎地调整政策力度，以避免过度干预导致的不良后果。

朱永明等 (2019) 选取 2011—2016 年 A 股上市公司为研究样本，就税收优惠对企业研发投入的杠杆作用进行了检验，剖析了不同所有制、不同地区市场化水平的企业如何利用税收优惠开展创新活动，并在此基础上进一步探讨了所有制与地区市场化的联合调节效应。研究发现：税收优惠对企业研发投入有激励作用；相对国有企业，税收优惠对民营企业研发投入的激励作用更大；市场化水平越高的地区，税收激励的效果越明显；此外还发现，所有制对税收优惠和企业研发投入的调节效应还依赖地区的市场化水平。总体说明税收优惠对企业创新的激励存在一定的门槛，当优惠力度超出门槛之后会产生失灵效应。

三、相关异质因素影响下的税收优惠激励效果

相关异质因素影响下的激励效果研究也很丰富。韩仁月等 (2019) 的研究通过运用双重差分模型，深入分析了不同税收优惠方式对企业研发投入的激励效果，揭示了不同税收优惠政策的实际效果及其对企业研发活动的具体影响。研发费用加计扣除激励效应最强，这种优惠方式直接针对研发费用进行额外的扣除，降低

了企业的实际税负，从而更直接地鼓励企业进行研发活动。税率优惠激励效应次之，税率优惠通过降低企业的整体税率来减轻税负，虽然不如研发费用加计扣除直接，但仍然对企业研发有一定的激励作用。固定资产加速折旧激励效果不显著，这可能是因为固定资产加速折旧主要影响企业的资本成本，而非直接针对研发活动，因此其激励效果相对较弱。多种税收优惠方式同时实施存在激励效应相互抵减的情况，这表明，当多种税收优惠方式同时实施时，它们之间的效果可能并不是简单的叠加，而是相互影响，甚至可能产生负向的抵减效应。

许伟等（2016）的研究聚焦于2004—2009年中国增值税转型对企业投资行为的具体影响，采用了一种更为精细的经济学分析方法——固定效应模型结合工具变量（FE+IV）来处理数据中的内生性问题。这一方法的选择是为了克服传统OLS（普通最小二乘法）模型和简单固定效应模型在估计时可能因遗漏变量而导致的偏差，这些偏差往往会低估政策变革（如增值税转型）对企业投资的实际促进作用。研究的核心发现是，增值税有效税率的降低对企业投资具有显著的正面影响。具体而言，当增值税有效税率下降1个百分点时，企业投资会增加约16%。这一结果不仅统计上显著，而且经济意义重大，表明税收政策调整是刺激企业投资的有效手段。按此计算，2004—2009年渐次推进的增值税改革效果非常明显，对所覆盖的装备、石化、农产品加工、采掘、电力等行业而言，从生产型增值税转向消费型增值税，给定其他条件不变，企业投资大约增加了8%。这说明减税对投资特别是私企投资有明显促进，用好减税降费措施对稳增长、调结构非常重要。

针对企业异质性，朱永明等(2019)研究发现：税收优惠对企业研发投入有激励作用；相对国有企业，税收优惠对民营企业研发投入的激励作用更大；市场化水平越高的地区，税收激励的效果越明显；此外还发现，所有制对税收优惠和企业研发投入的调节效应还依赖地区的市场化水平。即从企业性质来看，税收优惠政策对民营企业的正向激励效果更佳。

胡华夏等(2017)基于新增长理论和资源基础理论，以我国2008—2015年A股上市公司为样本，以产权性质为调节变量，成本黏性为中介变量，通过考察实际税率对企业研发投入和成本黏性的影响，揭示了税收优惠的资源配置效应。研

究发现：税收优惠对企业研发投入有积极影响；成本黏性有助于企业研发投入的提升，对上述关系具有部分中介作用；产权性质通过成本黏性对这一关系起调节作用。

四、固定资产加速折旧抵税与企业研发投资

（一）研究背景与研究现状

2015年，李克强总理在政府工作报告中提出打造"大众创业、万众创新"理念，国务院《中国制造2025》规划指出，用十年时间，迈入制造强国行列，创新研发和转型升级是提升我国制造业竞争力的核心。于是运用多种政策合力，引导和支持制造业进行研发创新，控制制造业金融投资对营运资金的挤出效应，成为政府施策的重要方向。

企业作为创新活动的主体，其研发行为及经济后果一直是财务研究的热点话题。作为企业创新活动的根源，研发投入在很大程度上决定了创新成果、公司业绩及企业价值。自2000年以来，政府采取了一系列财税政策以激励企业增加创新投资，这些措施在一定程度上推动了企业创新投资的逐年增长。然而，当前中国企业创新活动仍面临研发投入不足和持续性不强的问题，这阻碍了技术创新和产业升级的步伐。为了应对这些挑战，政府于2014年推出了固定资产加速折旧政策，旨在通过税收优惠促进企业技术改造和创新。具体来说，固定资产加速折旧政策允许特定行业的企业在购入固定资产后，通过缩短折旧年限或采取加速折旧方法，减少应纳所得税额。这一政策虽然不改变固定资产在使用年限中的折旧抵税总额，但能使企业在购入当期计提大量折旧，从而降低当期税负，并充分利用递延纳税带来的货币时间价值。这种税收优惠降低了企业研发活动的成本，有助于提高企业研发投入的积极性和持续性。政策出台后，其经济后果的研究多集中于单个公司的账务处理方面，而整体效用尚未得到系统检验。实际上，不同税率和不同地区的企业在研发活动的意愿和能力上存在差异，政策效果也因此而有所不同。因此，本研究将从税收加速折旧抵扣形成的减税效用和企业资金投入引导的角度出发，对该政策实施效果进行评价，并就其影响企业金融化的理论机制展开实证论证。

（二）理论分析与研究假设

理论上，固定资产加速折旧政策通过引导企业增加研发设备及生产经营性固定资产投资，既可以强化企业自身技术优势、增强企业竞争力，又可以给企业带来加速折旧的抵税效果，从而促使实体制造企业资金回流，促进企业研发创新。这体现出财税政策的定向调节对经济结构转型的作用路径，引导实体企业的存量资金投向、减少实体企业金融化投资对资金的挤出效应，是抑制企业脱实向虚的最佳体现。然而，当前我国金融投资部分产品的高收益示范效应，导致金融投资的期望收益增速已经超过了实体经济收益增速的平均值，因此，财税政策的调节作用对实体企业的研发创新投资可能存在影响，也可能只是锦上添花。

基于已有文献，可以从以下三个方面理解固定资产加速折旧政策对企业研发创新和实体企业金融化的影响。其一，固定资产加速折旧，一定程度上降低了研发创新投入的实际成本。结构性减税不仅是事后补偿机制，更具有定向投放的特征，要比直接补贴更市场化，更能精准施策。固定资产折旧抵税，从税收优惠的间接供给角度，可以通过货币的时间价值来降低实际研发成本，从而被发达国家广泛采用。固定资产加速折旧政策，即是将所得税抵扣提前，可以缓解技术升级和行业竞争的冲击，避免由于市场快速淘汰形成的抵税滞后性，而这种提前抵扣一方面形成了对研发投资的间接资金供给，另一方面则形成了一定的时间价值，从而降低了研发投入的成本。其二，固定资产加速折旧等结构性减税政策促进了企业对于研发设备、厂房等方面的投入。结构性减税政策，尤其是固定资产加速折旧政策是否促进了企业研发投入，二者是否存在因果关系，一直是大家争议的焦点。泰西（Tassey，2004）指出，研发投资带来的回报具有较强的隐性特征，其溢出效应也影响到实体企业的研发创新投资意愿，但减税政策能够减少企业对研发投资回报的不确定性，减轻企业对投资损失的顾虑并降低企业研发成本，从而促进企业的研发创新活动。波特尔斯伯格（Pottelsberghe，2003）指出，结构性税收优惠，尤其是设备、房产折旧政策对企业研发投入的促进作用具有长效性。随后大量的研究也证明了结构性税收优惠，尤其是固定资产加速折旧抵税对企业研发投资有促进作用。卡佩伦（Cappelen，2012）对2002年挪威的折旧减税优惠政策进行研究后发现，该项税收减免一定程度上促进了企业的研发投入水平；

阳（Yang，2012）通过微观样本数据分析发现，中国台湾地区制造业获得税收优惠的企业具有更高的研发投入动机和比率；部分学者对我国企业所得税改革的研究发现，研发费用抵扣和固定资产加速折旧政策间接促进了企业的技术创新。其三，固定资产加速折旧抵税从长效角度，增加了企业实体资产，减少了企业应纳税所得，使得企业所有者更愿意进行固定资产投资，从而减少金融资产的配置，抑制了企业金融化趋势，促进企业脱虚向实。垄断性的大企业金融化倾向明显。因为不断进行实体经济投资导致产能提高、收益率下降，所以更倾向于保持垄断和控制规模，减少了对实体投资的需求，盈余资金就会流入金融领域。资本的过度积累和日益激烈的市场竞争使得实体领域的投资机会越来越少，企业逐利和规避风险的本性使其倾向于将自有资金投资看似回报更高的金融产品来获利。姚维保（2020）研究发现，新自由主义盛行引起的竞争提高了商品的产出率和劳动生产率，使得商品所含利润下跌。大量企业为了寻求利润率的增长而纷纷进入金融业，金融市场变为非耐心投机者的聚集地。伍红（2019）则认为，实体企业进行金融投资是实体经济领域投资收益下降的短期应对手段，企业最终还是会回到发展实体经济的轨道上。资本逐利的属性使得企业更加关注投资的回报，但是我国的民营企业也存在藏富的现象，以实体经济投资的形式减少增值税和企业所得税，并且在研发设备和厂房投资中，获得持续的发展计划和保持领先的能力，减少实体现金的支出，赢得稳定的现金流量，将形成实体研发投资、资产折旧减税、较高的所得税税盾和认定税收减免优惠权限从而进一步减税的良性循环，进而在减少所得税支出的同时，形成更多的资产和竞争优势，并升级企业的科技含量，达到更高的税收优惠条件，获得更多的优惠。因此，可以推断，我国的企业有更强的意愿去获取折旧抵税的优惠，加大研发创新的设备和厂房投资，减少应纳税所得，从而减少金融投资，将更多的资产配置在实体经济范畴。

基于以上的三点分析，进一步归纳并提出以下三个假设：

因为固定资产加速折旧抵税政策的初衷就是加大企业研发投入力度和间接降低企业研发投资成本，增强企业研发投资信心，给企业研发投资提供间接资金供给支持，所以选择科技竞争力较强的六大行业（生物药品，专用设备，铁路、船舶、航空航天等运输设备，计算机通信和电子设备，仪器仪表，信息传输、软件和信息技术服务业）作为试点。本研究首先需要验证固定资产加速折旧抵税政策是否促进了企业研发投入水平。因此提出假设1：固定资产加速折旧抵税，能够促进企业的研发创新投入。固定资产加速折旧抵税政策，主要通过研发设备和生产经营性固定资产投资产生作用，也就是说政策效应的作用途径是通过固定资产投资形成加速折旧，加速折旧再产生抵税效果，从而形成递延所得税。因此，本研究基于以上分析，提出假设2：固定资产加速折旧抵税，能够引导企业进行固定资产投资，并形成递延所得税。如果固定资产加速折旧政策能够对企业的资本投放形成有效引导作用，企业的资本将更多地投向研发设备和经营性固定资产，从而将企业的重心引向主业，进而减少企业对金融资产的投资，抑制企业金融化趋势。因此提出假设3：固定资产加速折旧政策，能够抑制企业金融化趋势。为了进一步验证固定资产加速折旧政策抑制企业金融化的机制和逻辑，本研究设计变量替换和分步回归，分别加入固定资产折旧政策对各项投资的效应变量，考察不同变量对固定资产加速折旧政策与企业金融化关系的影响，从而明确固定资产加速折旧政策对企业金融化影响的作用机制。

（三）研究设计

1. 样本选取和数据来源

如前所述，我国于2014年1月1日开始实施六大行业加速折旧抵税政策，2019年开始全面实施加速折旧政策，因此本研究采用2014年前后各5年数据，即2009—2018年共10年A股上市制造企业全样本，构建面板数据库。生物药品，专用设备，铁路、船舶、航空航天等运输设备，计算机通信和电子设备，仪器仪表，信息传输、软件和信息技术服务业六个行业的企业数量在不断变化，因此以2009年上市公司作为样本标准，数据来源于国泰安数据库，筛选出六大行业的上市公司，获得六大行业的企业样本364家，共获得沪深两市A股上市公司样本1085家。

基于固定资产加速折旧抵税政策的金融化抑制效应为本研究提供了一个自然实验。本研究为了更有效地验证固定资产加速折旧抵税政策对企业研发投资和金融化的影响作用，以2014年为政策实施节点（post），以六大行业的364家企业作为对照组（control），其他样本企业作为处理组（treat），采用PSM方法进行样

本匹配,并采用评价政策效果常用的双重差分法(DID)进行分析,以验证研究假设。为保证研究结论的可靠性,按照以下步骤对样本进行了处理:(1)剔除金融行业公司和 ST 公司样本;(2)剔除数据缺失公司;(3)对所有样本的连续型变量进行了 1% 和 99% 分位的 Winsorize 处理,以消除异常值的影响。最后得到 10 850 个观测值,公司财务数据均来自国泰安 CSMAR 数据库。

2. 变量的界定

(1)被解释变量

根据前文第二部分的研究假设,被解释变量分别为研发创新投入、企业固定资产投资和企业金融化,另外为了进一步验证税收优惠的引导作用,增加递延所得税资产作为因变量。参照已有学者对企业金融化的研究成果,本书采用直接量化数据进行代替。①被解释变量 1:企业研发投入(RD),采用研发投入金额增长率数据;②被解释变量 2:固定资产投资(FASS),采用固定资产增长率数据;③被解释变量 3:企业金融化水平(Fin),采用金融资产占长期资产比重的增长率。

(2)解释变量

本研究以 2014 年为 post,以六大行业企业为 treat,如果样本企业属于六大行业,则 treat 为 1,否则为 0;由于事件年和处理组这两类哑变量分别包含于"年度固定效应"和"行业固定效应"中,为防止多重共线性,本书以二者交乘项(post×treat)生成政策处理变量 DID,即为模型的解释变量,来检验固定资产加速折旧政策的影响作用。本研究分别替换因变量,来验证固定资产加速折旧政策对企业研发投入、固定资产投资以及企业金融化的影响。但是考虑到企业研发投入、固定资产投资以及金融化投资的其他影响因素,本研究需要设计和添加足够的控制变量,来考量其他因素对政策效应的影响情况。

首先,控制变量方面,参考已有研究经验,考虑企业规模效应的影响,分别选择企业规模(Size)、上市年限(Age)作为控制变量;其次,进一步考虑到企业投资选择对于资金的要求,选取现金持有水平(Cash)、资产负债率(Lev)作为控制变量,检验低负债以及资金充足的企业是否更容易产生投资行为;再次,考虑到企业是否进行研发投资和生产经营性固定资产投资,可能受到企业盈利能力的影响,选择公司毛利率(GPM)以及权益报酬率(ROE)作为控制变量;公司是否更注重研发投入、是否更注重主业先发优势和核心竞争力，可能与企业的科技属性有关，因此本书再选择是否为高新技术企业（Htech）作为控制变量；最后，选择托宾Q值(Tobin)作为控制变量，托宾Q值较大时，企业股价高于资产重置成本，企业可以通过发行股份获取资金购买低价资产，反之，企业的投资行为会受到限制，因此，企业的托宾Q值一定程度上也影响着企业的投资选择，一旦托宾Q值较小，企业可能更加保守，或者选择金融资产进行配置，导致企业金融化。另外，模型中还加入年度虚拟变量(Year)，而行业则按照证监会上市公司行业分类指引(2012)进行分类，制造业按照二级代码分类，其余行业按照一级代码分类，六大行业直接赋值为1，其余为0。

3. 模型构建

根据前文第二部分研究假设，分别构建研发投资增长率、固定资产投资增长率、递延所得税、企业金融化与加速折旧政策的回归模型。

4. 样本描述

通过Stata软件的SUM功能描述样本数据，本书采用的数据为1085家A股上市公司10年的数据，共获得10 850个观测值。

（四）实证结果与分析

1. 固定资产加速折旧政策对企业投资选择及金融化的影响

本研究利用DID方法评估固定资产加速折旧抵税对企业研发投资和金融化的影响。模型的回归结果表明，无论是否加入控制变量，固定资产加速折旧政策对研发投资均为正向影响、对企业金融化均为显著的负向影响，说明该政策强化了企业研发投入，抑制了企业金融化趋势。

2. 基于PSM-DID方法的检验

为克服六大行业和其他行业对折旧政策的处理效应存在系统性差异，降低DID的估计偏差，采用PSM-DID模型对原假设进一步进行稳健性检验。首先，通过运用共同支撑假设检验和核匹配方法检验，证明了PSM-DID方法的可行性和合理性。然后，通过PSM-DID方法进行检验，结果表明，在利用PSM-DID方法之后，固定资产加速折旧政策依然显著降低了企业金融化的趋势。PSM-DID估计的结果依然显著，与前文DID的结果无显著差异，又进一步验证了本研究

的假设和前面 DID 的结论，即固定资产加速折旧政策加强了企业对研发创新的投入力度，进而抑制了企业金融化。

3. 固定资产折旧影响企业研发投入及金融化的机制检验

从前述实证结果看出，固定资产加速折旧能够显著促进企业研发投入以及固定资产投资，一定程度上抑制了企业金融化和对投资性房地产的投资，但仍然需要明确固定资产加速折旧这种结构性减税政策对企业研发投资以及固定资产投资的引导逻辑。根据本书的逻辑机制，固定资产加速折旧抵税政策，使得企业加速投资以保持先发优势、改善投资结构以获得税盾效果，从而进一步抑制企业在金融资产和投资性房地产方面的投资，从而引导企业脱虚向实。本研究借鉴巴伦（Baron，1986）的方法，通过验证企业折旧抵税与研发产出、所得税税负、金融投资的相关关系，来验证固定资产加速折旧对企业投资决策以及脱虚向实的影响机制。验证结果证实，固定资产加速折旧政策是通过引导企业研发投资、固定资产投资以获得抵税效果，从而减少了金融资产投资选择，进而抑制了企业金融化的机制问题。

（五）结论与启示

本研究基于 2009—2018 年中国 1085 家上市公司 10 年的面板数据，利用 PSM-DID 方法实证检验了固定资产加速折旧政策对企业研发投资、固定资产投资以及递延所得税的引导作用，以及对企业金融化的抑制作用。结论表明，固定资产加速折旧政策显著降低了企业金融化水平；机制验证表明，固定资产加速折旧抵税政策，通过引导企业研发投资、固定资产投资和递延所得税获取，将企业的投资导向了实体经济领域，从而减少了企业金融资产方向的投资，抑制了实体企业金融化趋势。研究结论对支持国家结构性减税政策的制定、实施具有现实意义，并且明确了结构性减税政策的调节作用和作用机制。

本研究结论的政策含义在于：①固定资产加速折旧抵税政策，降低了企业研发投入的成本，增加了企业研发投资的信心，对企业的研发投入有积极的反馈补偿作用；②固定资产加速折旧抵税政策显著影响了企业对于研发、生产、经营性固定资产的投资决策，影响了企业主业固定资产的增长，对实体经济的发展有显著的促进作用；③固定资产加速折旧抵税政策，减少了企业金融资产投资，抑制了企业金融化。总体而言，研究结果明确了固定资产加速折旧政策在实体经济领域重研发、促发展和调结构的目标，为政策的范围拓展和时间延伸提供了决策依据。

第三节 政府补助和税收优惠激励创新创业的融合研究

一、政府补助和税收优惠的比较分析研究

在将政府补助和税收优惠进行比较分析的研究中，国外学者德谢勒普雷特等（Dechezlepretre et al.，2016）提出的观点揭示了这两种政策工具对企业创新的不同影响机制。首先，财政补贴作为一种直接性的资金补助，确实能够为企业提供直接的资金支持，这对于缓解企业融资约束、降低研发成本和风险、增加研发动力和能力具有显著作用。然而，这种直接的资金支持可能会带来一些负面影响，如创新投入相关要素的价格扭曲。这种价格扭曲可能源于补贴导致的资源配置失衡，使得企业可能更倾向于依赖补贴而非自身创新能力的提升，从而在一定程度上削弱企业的长期创新水平。另一方面，税收优惠作为一种非直接性的优惠政策，通过减免或延缓企业应缴纳的税款，间接增加其可支配收入。税收优惠政策的实施更为灵活，可以根据企业的盈利能力和税收制度进行调整，从而更广泛地惠及各类企业。此外，税收优惠政策的非直接性也避免了直接补贴可能带来的价格扭曲问题，使得企业能够在更加公平的市场环境中进行竞争和创新。从政府的角度来看，税收优惠政策的非直接性也使其更易于管理和实施。

国内学者白旭云等(2019)通过实证分析探讨了政府支持政策税收优惠与直接研发补贴对高新技术企业创新活动的影响。这项研究基于505家高新技术企业2011—2013年的调研数据，提供了关于政府政策如何影响企业创新绩效和创新质量的重要见解。研究结果显示，税收优惠政策具有正面效应，政府的税收优惠

政策对企业创新绩效有显著的正向影响。这意味着通过减轻企业的税负，政府能够激励企业增加研发投入，从而提升其创新能力和市场表现。税收优惠还促进了高质量创新产出的提升，表明这种政策不仅增加了创新的数量，还提高了创新的质量。直接研发补贴具有挤出效应，与税收优惠相比，政府的直接研发补贴对企业的创新绩效和创新质量产生了挤出作用。这可能是因为补贴的分配机制不够高效，或者补贴导致了企业减少自有研发投入（替代效应），从而降低了整体的创新效果。挤出效应的存在提示政府需要重新审视和优化直接补贴政策的设计和执行，以确保其能够有效促进企业的创新活动。另外，对于技术能力已经比较强的企业，税收优惠对高质量创新产出的促进作用相对较弱。这可能是因为这些企业本身已经具备了较强的创新能力和资源，因此税收优惠对它们的边际贡献较小。这一发现意味着政府在设计税收优惠政策时，应考虑到企业的技术能力和创新阶段，以制定更加精准和有效的支持措施。

储德银等(2016)研究揭示了财政补贴与税收优惠在促进战略性新兴产业创新投入方面的复杂作用机制。研究表明，无论是财政补贴还是税收优惠，都对战略性新兴产业的创新投入产生了积极的推动作用。这意味着政府的这两种政策工具在激发企业创新活力、推动产业升级方面发挥了重要作用。但对企业研发费用与人力资本投入的激励效果存在差异，相对于人力资本投入，财政补贴与税收优惠对企业研发费用投入的激励效果更加显著。这可能是因为研发费用是企业创新活动的直接成本，而政府补贴和税收优惠能够直接减轻企业的财务负担，从而鼓励企业增加研发支出。相比之下，人力资本投入虽然也是创新活动的重要组成部分，但其激励效果可能受到多种因素的影响，如人才培养周期较长、效果难以量化等，导致政府政策的激励作用相对较弱。同时，在促进研发费用投入方面，财政补贴和税收优惠的激励效果大致相当。这意味着政府可以根据实际情况灵活选择使用这两种政策工具，以达到最佳的创新激励效果。在激励人力资本投入方面，税收优惠的激励效果不显著。这可能是因为税收优惠主要关注企业的经济行为(如研发活动)，而对于人力资本这种更复杂的长期投入，可能需要更加精准、细致的政策设计。

有学者提出，财政补贴和税收优惠二者作用的政策目标阶段不同，会导致激励效果的差异。邓子基等（2011），深入剖析了财税政策在技术创新不同阶段的作用差异及其敏感性，为我们理解财政补贴与税收优惠激励效果差异提供了新的视角。在技术创新的研发阶段，企业面临着高昂的研发成本和不确定性风险。此时，财政支持（如直接研发补贴）对于缓解企业资金压力、降低研发风险具有重要作用。因此，研发阶段对财政支持更为敏感。虽然税收优惠也能在一定程度上激励企业增加研发投入，但相比财政支持，其直接性和针对性可能稍逊一筹。在成果转化阶段，企业需要将研发成果转化为实际产品或服务，并推向市场。这一阶段，财政支持与税收优惠都发挥着重要作用。财政支持可以继续为企业的成果转化活动提供资金支持，而税收优惠则可以通过减轻企业税负，增加其可支配收入，从而间接促进成果转化。相比研发阶段，成果转化阶段对财政支持与税收优惠的敏感性大体相当，说明这两种政策工具在这一阶段都具有较为显著的激励效果。在产业化生产阶段，企业需要大规模生产并销售产品，以实现商业化成功。这一阶段，政府采购政策和税收政策具有重要影响。政府采购政策可以通过直接购买企业的产品或服务，为企业提供稳定的市场需求和收入来源，从而激励企业扩大生产规模、提高生产效率。税收政策则可以通过减免或延缓企业应缴纳的税款，降低其生产成本和运营风险，进一步促进企业的产业化生产。相比税收政策，产业化生产阶段对政府采购政策更为敏感，说明政府采购政策在这一阶段具有更为显著的激励效果。

在促进企业融资与创新投入上，柳光强（2016）的研究揭示了税收优惠与财政补贴政策的复杂性和差异性，强调政策制定需考虑的几个关键因素，以提高宏观财政政策的有效性和精准性。政策制定者应当认识到，不同产业和领域有其独特的经济特征和发展需求。因此，政策设计不能一刀切，而应根据产业特性（如技术密集型、劳动密集型等）和领域需求（如新兴产业、传统产业转型升级等）来制定差异化政策。政策制定时需清晰界定税收优惠和财政补贴的具体激励目标。这些目标应与企业的发展阶段、行业特点以及国家宏观经济政策导向紧密相关。政策效果评估是政策制定的重要环节。通过收集和分析企业的财务数据，可以量化税收优惠和财政补贴对企业盈利能力、研发投入、投资扩张等方面的实际影响。这要求政策制定者建立一套完善的监测和评估体系，定期对政策效果进行复盘，及时调整政策方向和力度,以确保政策目标的实现。在宏观经济政策层面,应实施定向调控,即针对特定产业、领域或企业群体出台更为精细化的政策措施。这有助于避免政策资源的浪费和错配,提高政策的有效性。精准施策还要求政策制定者加强与企业和市场的沟通,了解企业的实际需求和政策诉求,从而制定出更加贴合实际的政策方案。

李香菊等(2019)深入分析了财政补贴和税收优惠政策对企业研发投入的激励作用,并特别关注了政策的长短期差异及市场环境对政策效果的影响。政策具有时滞性和延续性,时滞性表明,财税政策对企业研发投入的激励作用并非立竿见影,而是需要一段时间来逐步显现。这可能是因为企业需要时间来调整其研发计划、资源配置和内部管理,以适应新的政策环境。延续性则意味着,财税政策对企业研发投入的激励作用在政策实施后的一段时间内仍然持续存在。这有助于稳定企业的研发预期,鼓励其进行长期的技术创新活动。财政补贴在短期内对企业技术创新的激励作用较为明显,因为补贴资金可以直接用于研发项目的开展和推进。然而,长期来看,财政补贴可能无法持续提供足够的激励,因为企业可能会逐渐依赖补贴资金,而缺乏自主创新的内在动力。税收优惠政策则对企业短期和长期的技术创新均有激励作用。通过降低企业的税负,税收优惠可以为企业提供更多的资金用于研发和创新活动,也有助于提高企业的盈利能力和市场竞争力。同时,市场环境的优化和知识产权保护制度的完善可以加强财税政策的创新激励作用。这是因为良好的市场环境和知识产权保护制度可以为企业提供更好的创新环境和法律保障,降低创新风险和成本,从而增强企业的创新意愿和动力。要素市场的扭曲则会削弱财税政策的创新激励效应。要素市场扭曲可能导致资源配置效率低下,创新资源无法得到有效利用,从而制约企业的创新活动和发展。基于以上分析,建议进一步完善以税收优惠为主的创新激励政策,将财政补贴作为辅助政策。这有助于形成更加合理和有效的政策组合,既能够为企业提供短期的资金支持,又能够激发其长期的创新活力。同时,还需要改善地区外部环境,包括优化市场环境、完善知识产权保护制度等,以充分发挥财税政策的创新激励作用。这有助于为企业创造一个更加公平、透明和有利于创新的市场环境,促进其持续健康发展。

二、政府补助和税收优惠的协同配合研究

在将政府补助和税收优惠二者进行协同配合的研究中，朱平芳等 (2003) 的研究深入探讨了上海市政府科技激励政策对大中型工业企业自筹研发投入及专利产出的影响。研究指出，政府的科技拨款资助对大中型工业企业增加自筹研发投入具有积极效果。这意味着，当政府提供更多资金支持时，企业更倾向于增加自身的研发投入。此外，研究还强调，政府的拨款资助越稳定，其效果越好。这表明，持续、稳定的政府资助能够为企业提供一个可靠的资金来源，从而鼓励其进行更多的研发活动。研究同样发现，税收减免政策对增加企业自筹研发投入具有积极影响。税收减免能够降低企业的运营成本，从而增加其可用于研发的资金。此外，政府拨款资助和税收减免互为补充，即提高一个政策的强度也会增加另一个政策的效果。但在这个互补效应中，政府税收减免起主导作用。这意味着，税收减免政策在激励企业增加研发投入方面可能具有更为显著的效果。在研发支出与专利产出的关系方面，不同来源的研发支出对专利产出的影响不同。自筹的研发支出对专利产出有显著的正面作用。这表明，当企业使用自有资金进行研发时，其研发成果更有可能转化为专利产出。这可能是因为自筹资金的使用更加灵活，能够更好地满足企业的研发需求。另外，不同等级的人力资源对专利产出的影响也不同。

陈远燕 (2016) 研究探讨了财政补贴和税收优惠这两种常见的政府激励措施对企业研发投入的影响。通过使用国泰安非上市公司数据库中涵盖 20 万户企业的 2005—2007 年的数据，该研究提供了关于财税政策对企业创新活动影响的深入见解。研究旨在分析这两种财税政策单行和并行实施时对企业研发投入的影响，以评估它们的激励效果及可能存在的互补效应。当财政补贴和税收优惠同时实施时，虽然各自的影响系数有所下降，但幅度较小。这表明两种政策之间存在互补效应，即它们共同作用于企业，促进企业增加研发投入。

赵凯 (2018)、法成迪 (2020) 等认为税收优惠和政府补助这两种财税政策组合的作用区间存在一定的门槛效应，它们的效果并非简单相加，在不适合的区间内会对彼此的激励效果产生抑制作用，只有当强度满足一定的门槛值时，彼此组合

的激励效果才会更佳。

从上述分析来看，财税扶持政策对创新创业既有正向激励，也有负向激励，同时在不同因素的影响下，所起的作用也不同。但是从政府出台各类政策的目的来看，旨在推进创新创业。那么，当前农民工返乡创业财税扶持政策是否起到了有效的促进作用？本研究将通过调查研究的方式，结合调查结果的数据分析，来具体探讨当前政策的实施效果。

第四章

共同富裕视域下农民工返乡创业财税扶持政策效果分析

共同富裕需要乡村全面振兴来助力，返乡创业农民工是乡村建设的一支重要力量，鼓励农民工返乡创业，是推动乡村振兴的一个重要方法。自2015年国务院办公厅印发《关于支持农民工等人员返乡创业的意见》（国办发〔2015〕47号）及党的十九大报告提出"促进高校毕业生等青年群体、农民工多渠道就业创业"以来，在返乡创业群体中，农民工返乡创业者占到70%以上，其创业发展情况与乡村振兴、扶贫攻坚等的成效密切相关。农民工返乡创业是当前中国经济社会发展中的一个亮点，它不仅促进了农村经济的多元化发展，还为实现乡村振兴战略提供了有力支撑。一是政策体系不断完善，国家层面对于农民工返乡创业给予了高度重视，并出台了一系列政策措施以支持其发展。这些政策涵盖了财政补贴、税收优惠、贷款支持等多个方面，为返乡创业者提供了有力的政策保障。政策的不断完善，为农民工返乡创业创造了良好的外部环境，降低了创业门槛，激发了创业热情。二是地方政府高度重视，地方政府在推动农民工返乡创业方面发挥了重要作用。许多地方成立了由主要领导牵头的返乡创业工作领导小组，将多个相关部门纳入工作体系，形成了强有力的工作协调机制。这种高度重视和有力推动，确保了各项政策措施能够得到有效落实，同时也为返乡创业者提供了更加全面、细致的服务和支持。三是探索形成先进经验，在推动农民工返乡创业的过程中，一些地区积极探索并形成了许多可复制、可借鉴的先进经验。这些经验包括加强组织领导、优化创业环境、建设创业载体、健全服务体系、拓宽融资渠道等。这些先进经验的推广和应用，有助于其他地区更好地开展返乡创业工作，提高创业成功率和创业质量。四是返乡创业成效显现，农民工返乡创业在支持县域

经济发展、带动就业和脱贫攻坚等方面发挥了重要作用。返乡创业者通过创办企业、发展特色产业等方式，为当地经济注入了新的活力，推动了县域经济的持续发展。同时，返乡创业也带动了当地就业，为农民提供了更多的就业机会和收入来源。在脱贫攻坚方面，返乡创业发挥了重要作用，许多贫困家庭通过参与创业实现了脱贫致富。

从浙江省的情况来看，浙江省农民工返乡创业现状呈现出积极的发展态势，成为推动乡村振兴和大众创业、万众创新战略的重要力量。浙江省通过深化推进返乡入乡合作创业，助力乡村全面振兴，采取了一系列措施来促进农民工返乡创业。首先，通过建立机制，持续发力高位推动，将推进返乡入乡合作创业作为构建完善高质量就业创业体系的一部分，通过考核"指挥棒"作用，在全省人社系统绩效考评中设立乡村振兴专项，确保目标任务圆满完成，形成了省市县三级联动的良好工作格局。其次，通过组织培训，发挥引领带动作用，提高乡村合作创业带头人的经营能力，实施返乡入乡合作创业带头人培训行动，健全培训工作体系，初步建成包括主题宣传片、理论教材、师资队伍和培训基地的培训资源库。此外，通过创建载体，搭建精准对接平台，举办返乡入乡合作创业大赛暨项目对接会，促成项目、资金、技术三方交流合作，开发上线"合作创业项目对接平台"，进一步拓宽项目对接渠道和空间。最后，强化服务，确保创业高质高效，制定发布乡村合作创业领域省级地方标准《乡村合作创业管理与服务规范》，深入实施"智聚山海 助力共富"专家服务工程，组织各类专场活动，并组织专家服务乡村和企业。

这些措施不仅吸引了青年群体、农民工返乡创业，同时也直接带动了就业。当然，各项措施的实施都得到了各级政府部门积极鼓励和支持，相继出台了配套政策扶持农民工返乡创业，财税扶持政策就是其中之一。那么当前的政策能否满足乡村振兴战略的实施？这就需要对其进行效果评估。本章在第二章对国家（部委）、浙江省及相关市、县（市、区）三个层面农民工返乡创业可享受的财税扶持政策梳理的基础上进行效果分析。

第四章 共同富裕视域下农民工返乡创业财税扶持政策效果分析

第一节 农民工返乡创业财税扶持政策类型

通过第二章对农民工返乡创业财税扶持政策的梳理,分析和对比国家(部委)、浙江省及相关市、县(市、区)的政策,可以看出创业财税扶持政策在不同层级之间的传递具有较好的延续性、稳定性和创新性。为了便于对创业财税扶持政策进行研究,在此将财税扶持政策主要分成4大类,分别为财政投资政策、税收优惠政策、财政补贴政策及财政融资政策(史桂芬等,2015),并结合农民工返乡创业现有的政策具体细分为13小类,具体见表4-1。

表4-1 农民工返乡创业财税扶持政策类型

政策类型	政策细分
财政投资	1. 创业基础设施投资 2. 创业培训投资 3. 打造农民工返乡创业园区 4. 建立农民工创业专项扶持资金
税收优惠	1. 小微企业税收优惠 2. 重点群体创业就业税收优惠 3. 创业就业平台税收优惠
财政补贴	1. 创业培训补贴 2. 社会保险补贴 3. 创业补贴
财政融资	1. 重点产业信贷支持 2. 创业贷款担保 3. 财政贴息

一、财政投资政策

农民工返乡创业的财政投资政策主要包括以下几个方面,首先是创业基础设施投资,加大对农村基础设施的财政投入力度,特别是道路、水利等关键领域,是优化农民工返乡创业硬件环境的重要举措。完善的基础设施体系不仅能够降低企业的运营成本，还能吸引更多的投资者和创业者进入农村市场，促进农村经济的繁荣发展。其次是创业培训投资，建立企业从业人员的培训机构，并加大农业相关技术及职业培训，是提高农业技术成果转化率及企业劳动生产率的关键。通过培训，农民工可以掌握先进的农业技术和管理理念，提升企业的竞争力和创新能力。同时，采取"一对一帮扶制度"，针对农民工的不同特点和需求，提供个性化的创业指导和支持，有效解决他们在创业过程中遇到的各种问题。再次是打造农民工返乡创业园区，由于农民工返乡创办企业的产业集聚程度较低，政府应对农民工创业进行整体规划，打造各类创业园区。这不仅能够形成具有竞争力的产业集群，避免恶性竞争现象的发生，还能为返乡农民工提供更多的创业机会和资源共享平台。同时，对在园区创办企业的返乡农民给予特殊税收优惠政策，进一步降低他们的运营成本，提高企业运行效率。最后是建立农民工创业专项扶持资金，为了解决农民工返乡创业的资金困难，政府应建立农民工创业专项扶持资金。对解决农村地区就业、拉动农村经济增长有突出贡献的企业给予专项资金支持，这不仅能够缓解他们的资金压力，还能提高他们的返乡创业积极性。通过专项扶持资金的引导和支持，可以推动更多的农民工返乡创业，促进农村经济的持续发展。

二、税收优惠政策

农民工返乡创业的税收优惠政策主要包括以下几个方面。首先是小微企业税收优惠政策，农民工返乡创业多为小微企业，因此小微企业税收优惠政策惠及面较广，比如小微企业增值税政策优惠，支持小微企业融资有关税收政策，进一步扩大小型微利企业所得税优惠政策范围，小微企业普惠性税收减免政策等。其次是重点群体创业就业税收优惠政策，对于返乡创业的农民工，如果他们符合重点群体创业就业的相关条件，还可以享受相应的税收优惠政策。如个体经营税收优惠，对持《就业创业证》（注明"自主创业税收政策"或"毕业年度内自主创业税收政策"）或《就业失业登记证》（注明"自主创业税收政策"或附《高校毕业生自主创业证》）的人员从事个体经营的，在增值税、城市维护建设税、教育费附加、地方教育附加和个人所得税上给予一定的减免或优惠。企业招用重点群体可享受税收优惠，对商贸企业、服务型企业、劳动就业服务企业中的加工型企业和街道社区具有加工性质的小型企业实体，在新增加的岗位中当年新招用在人力资源社会保障部门公共就业服务机构登记失业半年以上且持《就业创业证》或《就业失业登记证》（注明"企业吸纳税收政策"）人员，与其签订1年以上期限劳动合同并依法缴纳社会保险费的，在增值税、城市维护建设税、教育费附加、地方教育附加和企业所得税上给予一定的减免或优惠。最后是创业就业平台税收优惠政策，为了促进大众创业、万众创新，国家还加快实施创新驱动发展战略，并出台了针对创业就业平台的税收优惠政策，以营造良好的创新创业生态环境。如降低返乡创业门槛，简化创业注册登记流程，降低注册资本要求等，以鼓励更多人返乡创业。落实定向减税和普遍性降费政策，对符合条件的创业就业平台给予税收减免和费用降低的优惠。加大财政支持力度，为创业就业平台提供财政补贴、贷款贴息等支持。强化返乡创业金融服务，鼓励金融机构为返乡创业人员提供贷款、担保等金融服务，并给予一定的税收优惠政策。

三、财政补贴政策

农民工返乡创业的财政补贴政策主要包括以下几个方面，首先是创业培训补贴，加大对农民工培训机构的补贴力度，是提升农民工创业能力和素质的重要途径。通过邀请专家为创业农民工解读国家政策，可以使其充分了解优惠政策的内涵，从而更好地利用政策资源，按照政策目标创办企业。这不仅有助于农民工有效贯彻国家经济政策，还能提高他们的创业成功率和经济效益。同时，对从业人员进行技术培训，可以提高他们的整体素质和技能水平，为企业的持续发展奠定坚实基础。其次是社会保险补贴，社会保险补贴政策主要是为了鼓励以创业带动就业。比如对于创办企业吸纳失业人员（包括持证残疾人）就业，并与其签订一年以上劳动合同且为其缴纳社会保险费的，政府应给予一定的社会保险补贴。这一政策不仅有助于降低企业的用工成本，还能激励企业更多地吸纳失业人员，从而促进就业和社会稳定。最后是创业补贴，创业补贴是直接针对农民工创业过程中的实际困难而制定的政策。比如对农民工创业所需厂房租赁、水、电等价格进行补贴，可以降低他们的创业成本，提高企业盈利水平，从而激发农民工返乡创

业的积极性。此外，对返乡农民工首次创办小微企业并依法缴纳社会保险费的，给予一定金额的一次性创业补贴，也是对他们创业努力的肯定和支持。这些补贴政策能够减轻农民工创业初期的经济压力，帮助他们更好地渡过创业难关。

四、财政融资政策

农民工返乡创业的财政融资政策主要包括以下几个方面，首先是重点产业信贷支持，比如中国人民银行、国家金融监督管理总局、农业农村部和国家发展改革委等部门，紧扣乡村全面振兴的重点领域和薄弱环节，积极引导银行机构加大对乡镇产业项目的信贷支持。这一政策旨在强化山区乡镇等农村地区的金融要素保障，为推进乡村全面振兴提供更加有力的金融支持。通过信贷支持，可以引导资金流向农村地区的特色产业和优势项目，促进农村经济的发展和转型升级。其次是创业贷款担保，比如为了降低农民工返乡创业的风险和成本，政府加强农村信贷担保体系建设。这一政策采取由政府授权或担保进行抵押融资、金融租赁等方式筹集资金，为农民工创业提供信贷担保。同时，适当放宽与农村公共服务体系建设或农业直接相关企业信贷担保额度，以满足农民工创业过程中的资金需求。创业贷款担保政策有助于解决农民工创业过程中的融资难题，提高他们的创业成功率。最后是财政贴息，财政贴息政策是国家财政对使用某些规定用途的银行贷款的企业，就其支付的贷款利息提供的补贴。比如对于返乡农民工创立的企业，如果符合一定的贷款额度和贷款期限要求，财政部门将承担一定额度的贷款利息。这一政策旨在减轻农民工创业企业的财务负担，降低融资成本，提高他们的市场竞争力。通过财政贴息政策，可以激励更多的农民工返乡创业，带动农村经济发展。

第二节 农民工返乡创业财税扶持政策评价体系构建

当前，政策评价已经涉及经济社会发展的方方面面，在农民工返乡创业、乡村振兴及共同富裕的背景下，围绕"三农"政策及创业政策绩效的评估也成为热点。

评估主要有两种类型：一是通过数据包络分析（DEA）、局部均衡政策评估模型（PEM）、模糊综合评价模型（FSEM）等数据模型进行数理分析。如：许均平（2010）对农村信贷主体之间关系进行理论探讨，在分析已有信贷政策评估模式基础上提出农村信贷政策效应评估的"双层分类评估"方案，并通过建立农村信贷政策评估指标体系，以中部某省农村县域信用社为例，重点采用DEA方法对其执行农村信贷政策的最终效应进行了评估；何树全（2012）运用PEM对农业生产投入补贴与直接补贴两类政策效应进行了比较研究，得出农业生产投入补贴政策的效应大于农业生产直接补贴政策的效应；方鸣等（2021）从政府工作完成度和政府工作满意度两个维度构建返乡创业扶持政策绩效评价指标体系，同时结合全国返乡创业试点地区实地调研情况，运用层次分析法与模糊综合评价法对农民工返乡创业扶持政策的绩效评价与政策取向进行了研究。二是通过实际调查进行定量或定性分析评价。如：朱红根等（2011）运用顾客满意度理论调查分析了返乡农民工对创业政策的满意度；胡俊波（2014）从"知晓度、利用度、难度、满意度、重要度"五个方面构建了一个能对农民工返乡创业扶持政策宣传、推广落实各环节绩效进行评估的框架；侯俊华等（2016）基于农民工创业者调查数据，运用统计性描述方法，对影响农民工返乡创业政策绩效的因素进行了研究；阚立峻（2020）通过民意调查方式，以政策执行的不同阶段为逻辑主线设计评估指标，对农民工返乡创业政策绩效进行评估研究。

综上所述，已有文献在"三农"政策及创业政策绩效评估方面进行了深入的探讨，形成了较为丰富的成果，为本研究提供了有益的借鉴。但是从研究内容上，单独对财税扶持政策绩效评估的研究相对较少；从研究对象上看，结合返乡创业试点县区及共同富裕示范区的相关研究较少。由此，本章结合浙江省返乡创业试点县区及共同富裕山区26县中的部分县区，构建基于农民工返乡创业财税扶持政策类型的评价体系，结合问卷调查数据开展政策效果分析，为共同富裕视域下乡村振兴战略实施中的下一步政策改进提供方向参考和决策依据。

一、基于农民工返乡创业财税扶持政策类型分析的评价体系

将第一节政策类型划分提炼出的财政投资政策、税收优惠政策、财政补贴

政策及财政融资政策这四个类型作为农民工返乡创业财税扶持政策效果评价的一级指标，将提炼出的13个细分政策作为创业财税扶持政策效果评价的二级指标，共同构成农民工返乡创业财税扶持政策效果评价指标体系，见表4-2。

表4-2 返乡创业财税扶持政策评价体系

目标层	一级指标	二级指标
农民工返乡创业财税扶持政策效果评价指标体系（A）	财政投资政策（B1）	创业基础设施投资（C11）
		创业培训投资（C12）
		打造农民工返乡创业园区（C13）
		建立农民工创业专项扶持资金（C14）
	税收优惠政策（B2）	小微企业税收优惠（C21）
		重点群体创业就业税收优惠（C22）
		创业就业平台税收优惠（C23）
	财政补贴政策（B3）	创业培训补贴（C31）
		社会保险补贴（C32）
		创业补贴（C33）
	财政融资政策（B4）	重点产业信贷支持（C41）
		创业贷款担保（C42）
		财政贴息（C43）

二、政策评价指标权重分析

（一）构造比较判断矩阵

为了得到各个级别指标的权重，邀请了政府部门及高校相关专家共7名，构成指标评价专家团队。运用德尔菲法结合层次分析法来确定农民工返乡创业财税扶持政策的重要性权重。专家意见的发放步骤如下：首先向选定的专家群体发放《农民工返乡创业财税扶持政策重要性调查问卷》，专家根据他们的专业知识和经验，对各项财税扶持政策的重要性进行评分。然后，收回填写完毕的问卷并向专家请教评分的原因。接着，将各位专家的意见进行归纳汇总放在第二次发放的问卷之中，请专家参考第一轮的结果，再次对各项政策的重要性进行评分，并可以附上新的评分理由或修改意见。重复上述过程，进行新一轮次的调查，直到专家的评分趋于一致,形成一个广泛认同的结果。

对于同一层次中的指标,通过两两比较各指标对上一层次某因素的重要程度,依次构造出评价指标的判断矩阵,记作

$$A = \begin{bmatrix} a_{11} & a_{12} & a_{13} & \cdots & a_{1j} \\ a_{21} & a_{22} & a_{23} & \cdots & a_{2j} \\ a_{31} & a_{32} & a_{33} & \cdots & a_{3j} \\ \vdots & \vdots & \vdots & & \vdots \\ a_{i1} & a_{i2} & a_{i3} & \cdots & a_{ij} \end{bmatrix}$$

式中,A 为判断矩阵,a_{ij} 表示为因素 i 与因素 j 重要性比较结果。可采用 1-9 的量化比例标度来反映其重要程度,见表 4-3。

表 4-3　层次分析法常用比例标度表

量化值	因素 i 比因素 j
1	因素 i 和 j 对于农民工返乡创业同样重要
3	因素 i 比 j 对于农民工返乡创业稍微重要
5	因素 i 比 j 对于农民工返乡创业明显重要
7	因素 i 比 j 对于农民工返乡创业强烈重要
9	因素 i 比 j 对于农民工返乡创业极端重要
2、4、6、8	处于上述判断之间的中间状态所对应标度值

(二)计算权重向量

将各行判断矩阵分值的乘积开 n 次方:

$$\vec{w}_i = \sqrt[n]{\prod_{j=1}^{n} a_{ij}}, (i = 1,2,3,\cdots,n)$$

将 $\vec{w}_i$ 归一化后得到权重向量 w_i:

$$w_i = \frac{\vec{w}_i}{\sum_{i=1}^{n} \vec{w}_i}, (i=1,2,3,\cdots,n)$$

一致性检验：

$$\lambda_m = \frac{1}{n}\sum_{i=1}^{n}\frac{(Aw)_i}{w_i} = \frac{1}{n}\sum_{i=1}^{n}\frac{\sum_{j=1}^{n}a_{ij}w_j}{w_i}, \lambda_m \text{是判断矩阵} A \text{的最大特征值。}$$

$CI = \frac{\lambda_{\max}-n}{n-1}$，$CI$ 是一致性检验坐标，n 是判断矩阵的阶数。

$CR = \frac{CI}{RI}$，CR 是检验系数，RI 是平均随机一致性坐标。

RI 的值如表 4-4 所示：

表 4-4 RI 的值

n	1	2	3	4	5	6	7	8	9
RI	0	0	0.52	0.89	1.12	1.26	1.36	1.41	1.46

若 $CR<0.1$，说明矩阵具有一致性；若 $CR>0.1$ 则等式不成立，矩阵需要更改，直至能通过一致性检验。

综合权重

设第 $k-1$ 层上 n_{k-1} 个元素对总目标的排序权重向量为：

$$W^{(k-1)} = \left(w_1^{(k-1)}, w_2^{(k-1)}, \cdots, w_{n_{k-1}}^{(k-1)}\right)^T$$

第 k 层上第 n_k 个元素对上一层（第 $k-1$ 层）第 j 个元素的权重向量为：

$$P_j^{k-1} = \left(p_{1j}^{(k)}, p_{2j}^{(k)}, \cdots, p_{nkj}^{(k)}\right), j = 1, 2, \cdots, n_{k-1}$$

则矩阵 $p^{(k)} = \left[p_1^{(k)}, p_2^{(k)}, \cdots, p_{n_{k-1}}^{(k)}\right]$ 是 $n_k \times n_{k-1}$ 矩阵，表示第 k 层上的元素对第 $k-1$ 层各元素的排序权重向量，那么第 k 层上的元素对目标层总排序权重向量为：

$$W^{(k)} = P^{(k)}W^{(k-1)} = \left[p_1^{(k)}, p_2^{(k)}, \cdots, p_{n_{k-1}}^{(k)}\right]W^{(k-1)}$$
$$= \left(w_1^{(k)}, w_2^{(k)}, \cdots, w_{n_k}^{(k)}\right)^T$$

依据以上步骤，根据一级指标判断矩阵的重要程度进行计算，得出一级指标的判断矩阵的权重如表 4-5 所示：

第四章 共同富裕视域下农民工返乡创业财税扶持政策效果分析

表4-5 一级指标判断矩阵（B）

一级指标	财政投资政策（B1）	税收优惠政策（B2）	财政补贴政策（B3）	财政融资政策（B4）	W_i
财政投资政策（B1）	1	1/2	2	2	0.2761
税收优惠政策（B2）	2	1	2	2	0.3905
财政补贴政策（B3）	1/2	1/2	1	1/2	0.1381
财政融资政策（B4）	1/2	1/2	2	1	0.1953
一致性比例：0.0455　λ_{max}=4.1214					

计算出一级判断矩阵的最大特征值为：$\lambda_{max}=4.1214$，然后进行一致性检验：$CI=\dfrac{\lambda_{max}-n}{n-1}=\dfrac{1.1214-4}{4-1}=0.0405$，进一步计算出随机一次性检验指标：$CR=\dfrac{CI}{RI}=\dfrac{0.045}{0.89}=0.0455$。因为$CR<0.1$，所以判断矩阵满足一致性检验。

向量权重集为：$W=(0.2761\ \ 0.3905\ \ 0.1381\ \ 0.1953)^T$

考虑到其他因子权重值计算步骤一致，在计算二级指标时不再给出详细步骤。

依据以上步骤，根据财政投资政策判断矩阵的重要程度进行计算，得出财政投资政策判断矩阵的权重，如表4-6所示：

表4-6 二级指标财政投资政策判断矩阵（B1-C）

财政投资政策（B1）	创业基础设施投资（C11）	创业培训投资（C12）	打造农民工返乡创业园区（C13）	建立农民工创业专项扶持资金（C14）	W_i
创业基础设施投资（C11）	1	3	2	3	0.4550
创业培训投资（C12）	1/3	1	1/2	1	0.1411
打造农民工返乡创业园区（C13）	1/2	2	1	2	0.2628
建立农民工创业专项扶持资金（C14）	1/3	1	1/2	1	0.1411
一致性比例：0.0039　λ_{max}=4.0105					

根据税收优惠政策判断矩阵的重要性程度进行计算,得出税收优惠政策判断矩阵的权重,如表4-7所示:

表4–7 二级指标税收优惠政策判断矩阵(B2–C)

税收优惠政策(B2)	小微企业税收优惠(C21)	重点群体创业就业税收优惠(C22)	创业就业平台税收优惠(C23)	W_i
小微企业税收优惠(C21)	1	2	2	0.5000
重点群体创业就业税收优惠(C22)	1/2	1	1	0.2500
创业就业平台税收优惠(C23)	1/2	1	1	0.2500
一致性比例:0.0000 λ_{max}=3.0000				

根据财政补贴政策判断矩阵的重要程度进行计算,得出财政补贴政策判断矩阵的权重,如表4-8所示:

表4–8 二级指标财政补贴政策判断矩阵(B3–C)

财政补贴政策(B3)	创业培训补贴(C31)	社会保险补贴(C32)	创业补贴(C33)	W_i
创业培训补贴(C31)	1	1/2	1	0.2500
社会保险补贴(C32)	2	1	2	0.5000
创业补贴(C33)	1	1/2	1	0.2500
一致性比例:0.0000 λ_{max}=3.0000				

根据财政融资政策判断矩阵的重要程度进行计算,得出财政融资政策判断矩阵的权重,如表4-9所示:

表4–9 二级指标财政融资政策判断矩阵(B4–C)

财政融资政策(B4)	重点产业信贷支持(C41)	创业贷款担保(C42)	财政贴息(C43)	W_i
重点产业信贷支持(C41)	1	1/3	1/2	0.1634
创业贷款担保(C42)	3	1	2	0.5396
财政贴息(C43)	2	1/2	1	0.2970
一致性比例:0.0090 λ_{max}=3.0093				

根据以上各个指标层的权重计算,最后得出农民工返乡创业财税扶持政策效果评价体系的指标权重,如表4-10所示:

表4-10 权重汇总表

目标层	一级指标	权重	二级指标	权重	组合权重
农民工返乡创业财税扶持政策效果评价指标体系（A）	财政投资政策（B1）	0.2761	创业基础设施投资（C11）	0.4550	0.1257
			创业培训投资（C12）	0.1411	0.0389
			打造农民工返乡创业园区（C13）	0.2628	0.0726
			建立农民工创业专项扶持资金（C14）	0.1411	0.0389
	税收优惠政策（B2）	0.3905	小微企业税收优惠（C21）	0.5000	0.1953
			重点群体创业就业税收优惠（C22）	0.2500	0.0976
			创业就业平台税收优惠（C23）	0.2500	0.0976
	财政补贴政策（B3）	0.1381	创业培训补贴（C31）	0.2500	0.0345
			社会保险补贴（C32）	0.5000	0.0691
			创业补贴（C33）	0.2500	0.0345
	财政融资政策（B4）	0.1953	重点产业信贷支持（C41）	0.1634	0.0319
			创业贷款担保（C42）	0.5396	0.1054
			财政贴息（C43）	0.2970	0.0580

对各个层级的指标一对一进行比较,依据各个指标的重要程度利用层次分析

法进行计算,能够对返乡农民工创业扶持政策的各项指标进行权重的分配,为后文进行模糊综合评价下打好基础。

第三节 农民工返乡创业财税扶持政策效果调查

根据前文的分析,本节结合浙江省返乡创业试点县区及共同富裕山区 26 县,以杭州市桐庐县和丽水市庆元县、云和县、龙泉市、松阳县、莲都区、遂昌县 7 个县区为对象,对农民工返乡创业财税扶持政策效果进行研究分析。

一、农民工返乡创业财税扶持政策评估逻辑分析框架构建

本部分对农民工返乡创业财税扶持政策绩效的评估主要建立在现有政策的基础上,通过考察现有政策的宣传、推广、执行、效果、改进五个方面,进行系统评估,评估逻辑分析框架见表 4-11。五个方面的评估主要解决三个问题:一是返乡创业农民工是否了解现有的政策,政策是否真正得到了落实;二是如果政策已经得到落实,那么其产生的效果如何;三是现有的政策中哪些是比较重要的,对农民工返乡创业起到的作用比较大,可以为后续政策的改进提供依据,浙江省是共同富裕示范区,乡村的共同富裕必须通过乡村振兴来实现,返乡创业财税扶持政策的改进将对推动乡村振兴起到积极作用。

表 4-11 浙江省农民工返乡创业财税扶持政策评估逻辑分析框架

政策类型	评估主线	评估指标	评估目的
财政投资 税收优惠 财政补贴 财政融资	政策落实情况	知晓度	了解宣传情况
		利用度	了解推广情况
		难度	了解执行情况
	政策收效情况	满意度	了解实施效果
	政策是否重要	重要度	确定改进方向

二、农民工返乡创业财税扶持政策评估调查设计

由于农民工返乡创业人员以个体为主,相对比较零散,缺乏系统有效的官方统计数据支撑,因此主要依托问卷调查和实地访谈方式从返乡创业农民工处直接获取所需数据。调查内容设计以前文建立的农民工返乡创业扶持政策效果评价体系为基础,以浙江省农民工返乡创业财税扶持政策评估逻辑分析框架为依据,针对不同政策类型,围绕"宣传、推广、执行、效果、改进"五个方面,以政策"知晓度、利用度、难度、满意度、重要度"为评估指标(胡俊波,2014),旨在更好地追踪返乡创业财税扶持政策效果,对政策绩效进行阶段性的动态评估。

在调查问卷题目设计上按照"顾客导向的绩效评估"理念,借鉴美国顾客满意度指数计算要求收集数据,每一个问题的测量值范围都是从 0 到 100,0 表示可能得到的最低分,而 100 则是可能得到的最高分。但是为了调查方便,对于大部分评估指标采用 5 个等级进行测评,比如为了了解返乡创业农民工对创业财税扶持政策的满意度,可以将 5 个等级设置为 1 不满意、2 满意度不高、3 一般、4 比较满意、5 很满意,然后对 5 个等级按百分制进行赋分,1 为 0 分、2 为 25 分、3 为 50 分、4 为 75 分、5 为 100 分,那么满意度越高越接近 100 分,满意度越低越接近 0 分。评估指标中的知晓度、难度、满意度、重要度都可以采用上述方法得到。评估指标中的利用度主要包括"利用过"和"没利用过"两个维度,可以用来衡量政策的推广程度。

三、数据统计与结果分析

本部分数据来源于 2021 年 12 月至 2022 年 9 月对杭州市桐庐县和丽水市庆元县、云和县、龙泉市、松阳县、莲都区、遂昌县进行的问卷调查和实地走访。上述地区农民工返乡创业的形式主要有创办小微企业及专业合作经济组织、从事个体经营等,返乡创业的产业以农村电子商务、民宿、种养殖业等为主。问卷按照随机抽样方式发放,共计发放 420 份,回收有效问卷 357 份。

（一）受访者特征

1. 返乡创业农民工基本信息

（1）性别特征

从受访的返乡创业农民工性别来看，男性数量较大，为 273 人，占比 76.47%，而女性相对较少，只有 84 人，占比 23.53%，说明在返乡创业者中男性占较大的比例，见图 4-1。

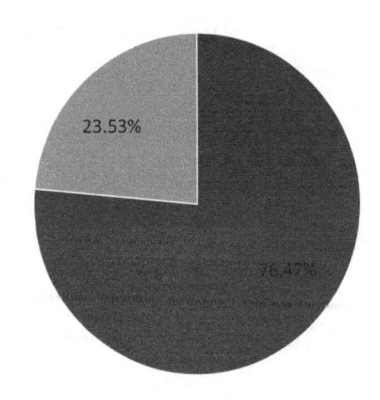

图 4–1　性别分布

（2）年龄分布

从受访的返乡创业农民工年龄结构分布看，30 岁以下占比 17.65%，30～40 岁占比 49.30%，40 岁以上占比 33.05%，受访者以 30～40 岁中青年为主，见图 4-2。

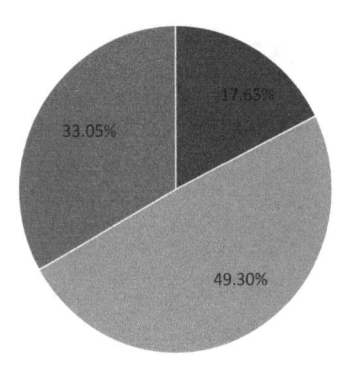

图 4–2　年龄分布

（3）婚姻状况

从受访的返乡创业农民工婚姻状况来看，绝大多数都组建了家庭，占比高达 71.99%，见图 4-3。通过调研了解到很多农民工返乡创业的原因：其一，是因为家里有老人和小孩需要照顾，自己在外面打工无法照顾家庭，心里牵挂老人和小孩。回到家乡创业既能够照顾小孩，还能够消除在外的孤独和漂泊感。可以看出，家庭是农民工返乡创业的主要动力之一。其二，近几年乡村振兴战略的实施，给农村环境带来了极大的改善，基础设施得到完善，农村的资源得到开发，以及当地政府的扶持，使农村有了开展创业的条件和赚钱的机会。许多农民工返回家乡创业，以农村电子商务、民宿、种养殖业等产业为主。

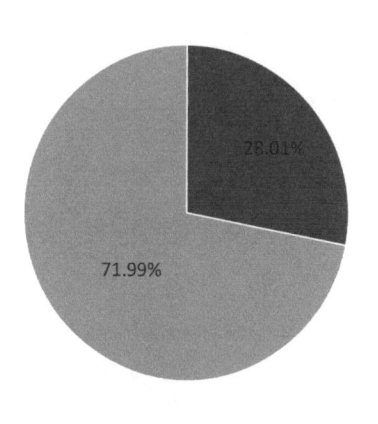

图 4-3 婚姻状况

（4）文化程度

从受访的返乡创业农民工文化程度来看，初中及以下文化程度占比 29.97%，高中及中专文化程度占比 54.06%，大专及以上文化程度占比 15.97%。受访者文化程度以高中及中专为主。创业活动是一项综合性的活动，对创业个体的要求很高。在创业过程中，文化程度低可能会影响创业农民工的管理能力，成为农民工创业过程中的限制因素，见图 4-4。

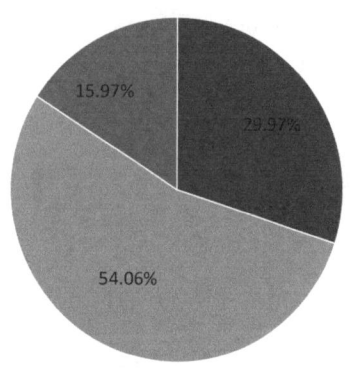

图 4-4 文化程度

2.农民工返乡创业基本情况

（1）创业选择从事的行业

从返乡创业农民工从事的行业可以看出，农民工选择的创业行业种类较多，在各个行业都有涉及且较为分散，从事的行业差异性大。种养殖业、住宿餐饮业、批发零售业、制造业、其他行业的比例分别占 24.93%、25.77%、18.21%、17.65%、13.44%，见图 4-5。

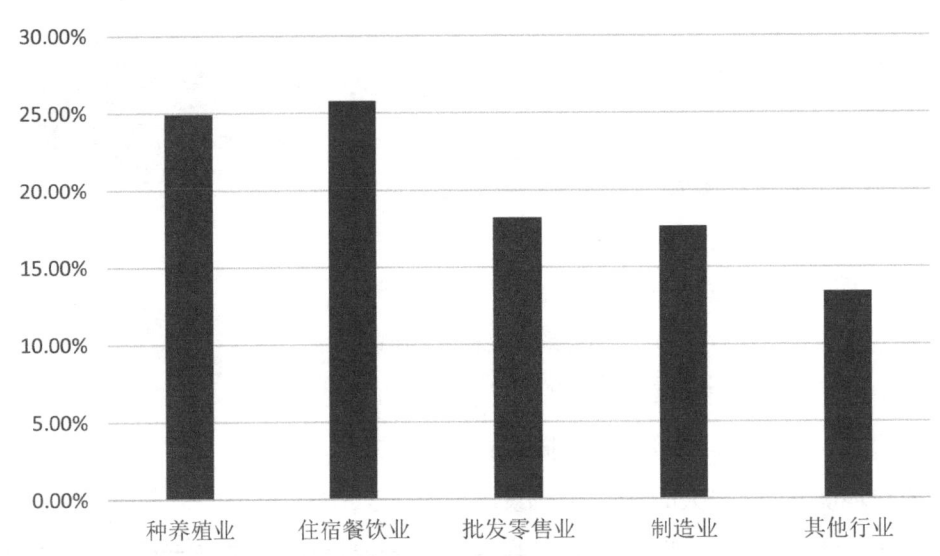

图 4-5　创业选择的行业

（2）创业的形式

从图 4-6 可以看出，仅有 18.21% 的人是和别人一起合作创业，说明返乡创业者合作经营的不多。有高达 52.94% 的返乡创业农民工创业是以家庭为单位，夫妻二人共同进行创业活动。通过上文对返乡创业者性别统计情况可以看出，在创业的过程中男性占主导地位。

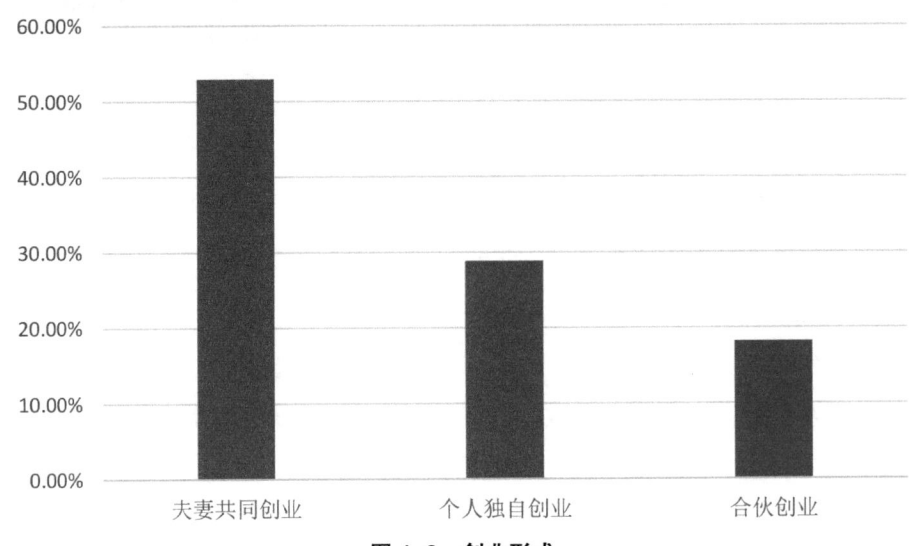

图 4-6　创业形式

第四章 共同富裕视域下农民工返乡创业财税扶持政策效果分析

（3）创业初始投资金额

在调查问卷中将创业的初始投资金额分为10万元以下、10万~20万元、20万~30万元、30万元以上这四个层次，分别占比20.16%、33.61%、29.41%、16.82%。可以看出，返乡农民工创业的初始投资金额普遍不高，多为20万元以下，占比53.77%，见图4-7。

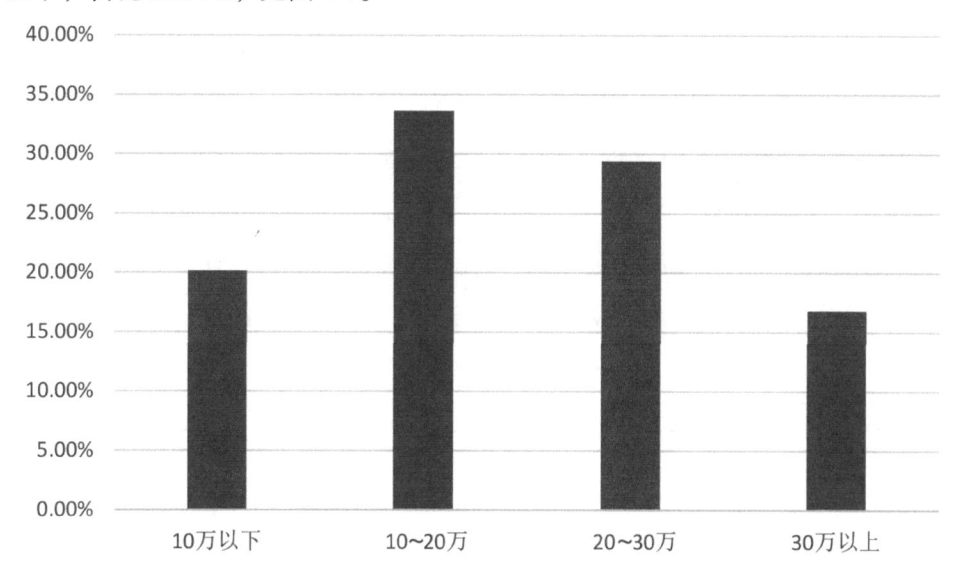

图4-7 创业初始投资金额（元）

（4）创业初始资金的主要来源

调查问卷中将创业初始资金的主要来源分为家庭积蓄、亲戚朋友借款、银行贷款及其他四种情况。根据调查结果，部分受访者有多渠道来源，76.75%的创业者返乡创业初始资金主要来源于家庭积蓄，35.85%的创业者返乡创业初始资金主要来源于亲戚朋友借款，选择向银行贷款的返乡创业农民工相对较少，见表4-12。

表4-12 创业初始资金的主要来源

来源	受访者个案数	各种来源占比（%）	个案数占受访者总数比例（%）
家庭积蓄	274	55.69	76.75
亲戚朋友借款	128	26.02	35.85
银行贷款	79	16.06	22.13
其他	11	2.23	3.08

(5) 创业中遇到的困难

调查问卷中将创业困难分为融资困难、税收负担过重、管理能力不足、欠债问题严重、竞争过于激烈、生产经营成本过高及其他七种情况。通过表4-13可以看出目前创业者最大的困难是融资困难，占比达到24.93%，在个案中有89名创业者选择，说明目前在创业中缺乏足够的资金和融资困难是农民工创业中的主要难题。除了融资困难，管理能力不足、竞争过于激烈和税收负担过重也是创业者在创业过程中面临的阻碍，分别占比22.41%、21.85%、21.29%。管理能力不足仍是创业者面临的一大难题，通过问卷数据可以得知农民工的学历不高，会导致相关创业知识的缺乏以及缺少相关技术的认知，所以存在管理能力不足的问题。同时农民工属于弱势群体，因此在创业过程中会面临激烈的竞争。另外税收负担过重说明一方面还需加大相关财税扶持政策，另一方面还需加强对农民工充分运用现有政策的指导。

表 4-13　创业中遇到的困难

困难类型	受访者个案数	各种困难占比（%）	个案数占受访者总数比例（%）
融资困难	89	21.45	24.93
税收负担过重	76	18.31	21.29
管理能力不足	80	19.28	22.41
欠债问题严重	29	6.99	8.12
竞争过于激烈	78	18.80	21.85
生产经营成本过高	32	7.71	8.96
其他	31	7.46	8.68

（二）结果分析

结合调查数据，对财政投资政策、税收优惠政策、财政补贴政策及财政融资政策4大类，以及创业基础设施投资、创业培训投资、打造农民工返乡创业园区、建立农民工创业专项扶持资金、小微企业税收优惠、重点群体创业就业税收优惠、创业就业平台税收优惠、创业培训补贴、社会保险补贴、创业补贴、重点产业信贷支持、创业贷款担保、财政贴息13小类财税扶持政策进行具体分析。

1.财税扶持政策知晓度评估结果

自2015年以来，国家（部委）、浙江省陆续出台若干返乡创业财税扶持政策，各调研县（市、区）也出台了相应的工作要点、责任分工和实施细则，政策层面的扶持体系已初步建构。返乡创业的农民对当前的创业财税扶持政策知晓情况如何？从调研结果来看，357份有效问卷样本中，总体政策的知晓度为48.82%，虽然只接近50%，但是受访者中不知道政策的比例为12.04%，87.96%或知道或了解或熟悉政策，可见各级各类政策的宣传力度较大，但有进一步提升的空间。从不同类型的政策来看，其中税收优惠政策的知晓度最高，尤其是小微企业税收优惠政策的知晓度达到了53.93%，说明此类政策的宣传力度较大。财政投资政策的知晓度相对较低，尤其是建立农民工创业专项扶持资金的知晓度为44.47%，说明此类政策的宣传力度较小。财政补贴政策和财政投融资政策的知晓度居于前两者之间。具体见表4-14。

表4-14 财税扶持政策知晓度评估结果

政策类型		不知道（%）	知道但不了解（%）	了解一些（%）	了解大部分（%）	很熟悉（%）	知晓度（%）
总体政策		12.04	27.73	26.05	21.29	12.89	48.82
财政投资政策	1.创业基础设施投资	14.85	29.41	24.93	19.33	11.48	45.80
	2.创业培训投资	15.41	29.13	25.49	19.05	10.92	45.24
	3.打造农民工返乡创业园区	13.73	26.05	28.85	19.61	11.76	47.41
	4.建立农民工创业专项扶持资金	15.97	30.25	24.37	18.77	10.64	44.47
税收优惠政策	1.小微企业税收优惠	8.96	21.85	28.57	25.77	14.85	53.93
	2.重点群体创业就业税收优惠	11.48	24.37	27.73	23.25	13.17	50.57
	3.创业就业平台税收优惠	11.76	24.93	28.57	22.13	12.61	49.73
财政补贴政策	1.创业培训补贴	10.92	24.37	28.85	22.97	12.89	50.64
	2.社会保险补贴	12.04	26.05	28.57	21.85	11.49	48.68
	3.创业补贴	11.20	25.49	28.85	21.29	13.17	49.94

续表

政策类型		不知道（%）	知道但不了解（%）	了解一些（%）	了解大部分（%）	很熟悉（%）	知晓度（%）
财政融资政策	1.重点产业信贷支持	12.61	28.29	31.09	19.05	8.96	45.87
	2.创业贷款担保	11.76	26.61	30.53	20.73	10.37	47.84
	3.财政贴息	12.04	27.73	30.25	20.17	9.81	47.00

2.财税扶持政策利用度评估结果

从调研结果来看，357名创业者中，总体上利用过创业财税扶持政策的有229名，占比64.15%，说明在各级政府宣传的基础上，有60%以上的返乡创业者利用过财税扶持政策，政策的推广力度与宣传力度相符合。87.96%或知道或了解或熟悉政策的创业者中，大部分利用过相关政策，但是政策的推广度也还有一定的提升空间。从不同类型的政策来看，税收优惠政策的利用度较高，尤其是小微企业税收优惠的利用度为63.03%，其他三类政策的利用度稍低，比较接近，在50%左右，其中建立农民工创业专项扶持资金的利用度最低，为49.30%。具体见表4-15。

表4-15 财税扶持政策利用度评估结果

政策类型		利用过（%）	没利用过（%）	利用度（%）
总体政策		64.15	35.85	64.15
财政投资政策	1.创业基础设施投资	50.14	49.86	50.14
	2.创业培训投资	52.94	47.06	52.94
	3.打造农民工返乡创业园区	55.46	44.54	55.46
	4.建立农民工创业专项扶持资金	49.30	50.70	49.30
税收优惠政策	1.小微企业税收优惠	63.03	36.97	63.03
	2.重点群体创业就业税收优惠	58.26	41.74	58.26
	3.创业就业平台税收优惠	57.42	42.58	57.42
财政补贴政策	1.创业培训补贴	54.06	45.94	54.06
	2.社会保险补贴	51.82	48.18	51.82
	3.创业补贴	52.38	47.62	52.38

续表

	政策类型	利用过（%）	没利用过（%）	利用度（%）
财政融资政策	1.重点产业信贷支持	51.26	48.74	51.26
	2.创业贷款担保	53.50	46.50	53.50
	3.财政贴息	52.66	47.34	52.66

3.财税扶持政策难度评估结果

财税扶持政策落实的难度主要评估政策的执行情况，从创业者的角度评估政策利用过程中是不是方便操作和落实。由于政策难度的感受只有利用过政策的创业者才会有，所以调研中只针对利用过政策的创业者。从调研结果来看，总体政策的执行难度为47.69%，接近50%。虽然知晓度和利用度较高，但是政策落实还是有一定难度，说明在宣传力度和推广力度相对较高的情况下，执行力度还有待提高，在政策的可操作性及创业者体验方面需要进一步提升。从不同类型的政策来看，税收优惠政策的执行难度最低，尤其是针对小微企业的税收优惠，为43.55%，财政投资政策的执行难度最高，尤其是创业基础设施投资，为53.77%。财政补贴政策和财政投融资政策的执行难度介于前两者之间。创业基础设施投资在主观感受上并不直接与个体创业者挂钩，因此创业者关注度不是很高，会觉得难度较高，而目前的税收优惠政策都比较明确，只要符合条件均能享受，因此创业者总体认为难度较低。具体见表4-16。

表4-16 财税扶持政策难度评估结果

	政策类型	容易（%）	比较容易（%）	一般（%）	比较难（%）	难（%）	难度（%）
	总体政策	12.89	26.61	29.41	19.05	12.04	47.69
财政投资政策	1.创业基础设施投资	11.73	17.88	29.61	25.14	15.64	53.77
	2.创业培训投资	16.93	21.69	25.93	22.75	12.70	48.15
	3.打造农民工返乡创业园区	16.67	23.23	22.22	24.24	13.64	48.74
	4.建立农民工创业专项扶持资金	15.34	18.75	23.30	27.84	14.77	51.99

续表

税收优惠政策	1. 小微企业税收优惠	18.67	28.00	24.89	17.33	11.11	43.55
	2. 重点群体创业就业税收优惠	16.83	27.88	25.00	17.79	12.50	45.31
	3. 创业就业平台税收优惠	16.59	28.78	22.93	18.54	13.16	45.73
财政补贴政策	1. 创业培训补贴	13.47	27.46	30.57	16.58	11.92	46.51
	2. 社会保险补贴	13.51	28.11	27.57	18.38	12.43	47.03
	3. 创业补贴	13.90	28.88	27.81	18.18	11.23	45.99
财政融资政策	1. 重点产业信贷支持	13.11	27.87	28.42	17.49	13.11	47.41
	2. 创业贷款担保	14.14	28.27	27.75	17.80	12.04	46.33
	3. 财政贴息	12.23	27.66	30.86	17.55	11.70	47.21

4. 财税扶持政策满意度评估结果

政策满意度评估与难度评估一致，调研中只针对利用过政策的创业者，反映利用过相关扶持政策受访创业者的个体感受。从调研结果来看，总体政策的满意度还是比较高的，为74.89%，说明创业者对财税扶持政策还是比较认可的。从不同类型的政策来看，各类型政策的满意度均高于总体政策的满意度，这主要是由于不同创业者对不同类型政策的感受不同，因此总体来看会存在满意度降低的情况。税收优惠政策和财政补贴政策满意度相对较高，都在80%以上，其中创业培训补贴的满意度最高为83.03%，小微企业税收优惠次之为82.33%；财政投资政策和财政投融资政策满意度相对低一些，其中创业基础设施投资最低为76.54%。具体见表4-17。

表4-17 财税扶持政策满意度评估结果

政策类型		不满意（%）	满意度低（%）	一般（%）	比较满意（%）	很满意（%）	满意度（%）
总体政策		3.49	8.73	17.03	26.20	44.55	74.89
财政投资政策	1. 创业基础设施投资	2.79	8.94	12.85	30.17	45.25	76.54
	2. 创业培训投资	1.06	5.82	13.76	27.51	51.85	80.82
	3. 打造农民工返乡创业园区	1.01	6.57	13.13	29.29	50.00	80.18
	4. 建立农民工创业专项扶持资金	3.41	7.39	13.64	30.68	44.88	76.56

续表

政策类型		不满意（%）	满意度低（%）	一般（%）	比较满意（%）	很满意（%）	满意度（%）
税收优惠政策	1. 小微企业税收优惠	0.89	4.00	10.67	33.78	50.66	82.33
	2. 重点群体创业就业税收优惠	1.44	6.25	10.10	33.17	49.04	80.53
	3. 创业就业平台税收优惠	1.95	4.88	11.22	33.66	48.29	80.37
财政补贴政策	1. 创业培训补贴	1.04	5.18	7.77	32.64	53.37	83.03
	2. 社会保险补贴	1.62	4.86	14.05	30.27	49.20	80.14
	3. 创业补贴	1.07	3.21	13.37	30.48	51.87	82.22
财政融资政策	1. 重点产业信贷支持	2.73	7.10	15.85	28.96	45.36	76.78
	2. 创业贷款担保	1.57	7.33	16.23	29.84	45.03	77.36
	3. 财政贴息	1.06	7.98	17.02	30.85	43.09	76.73

5. 财税扶持政策重要度评估结果

政策重要度评估来自全部 357 份有效问卷样本的数据，无论是否利用过政策的返乡农民工，在创业过程中对政策都有自身的感受，反映创业者对不同类型财税扶持政策重要性的排序。从调研结果来看，总体政策的重要度为 81.37%，还是比较高的，说明创业者普遍认为财税扶持政策在创业过程中起到了重要作用。从不同类型的政策来看，重要度差异不是很大，最高的是小微企业税收优惠为 83.54%，最低的是创业培训补贴和创业补贴为，78.64%。一般来说，创业培训补贴和创业补贴的力度不会太大，而且不太有长效性，这也是创业者认为它们重要性相对较低的主要原因。具体见表 4-18。

表 4-18 财税扶持政策重要度评估结果

政策类型	不重要（%）	重要度低（%）	一般（%）	比较重要（%）	很重要（%）	重要度（%）
总体政策	1.40	2.52	17.37	26.61	52.10	81.37

续表

政策类型		不重要（%）	重要度低（%）	一般（%）	比较重要（%）	很重要（%）	重要度（%）
财政投资政策	1. 创业基础设施投资	1.12	1.40	18.77	24.09	54.62	82.42
	2. 创业培训投资	1.12	2.24	21.29	22.97	52.38	80.81
	3. 打造农民工返乡创业园区	0.84	1.40	21.57	22.69	53.50	81.65
	4. 建立农民工创业专项扶持资金	1.12	1.40	22.69	22.13	52.66	80.95
税收优惠政策	1. 小微企业税收优惠	1.12	2.24	14.85	24.93	56.86	83.54
	2. 重点群体创业就业税收优惠	1.68	2.80	19.05	21.01	55.46	81.44
	3. 创业就业平台税收优惠	2.24	2.52	17.65	21.29	56.30	81.72
财政补贴政策	1. 创业培训补贴	1.68	5.04	19.33	24.93	49.02	78.64
	2. 社会保险补贴	0.84	3.92	21.85	22.13	51.26	79.76
	3. 创业补贴	0.56	5.88	22.13	21.29	50.14	78.64
财政融资政策	1. 重点产业信贷支持	2.24	5.04	17.65	24.09	50.98	79.13
	2. 创业贷款担保	0.84	4.76	17.93	22.97	53.50	80.88
	3. 财政贴息	1.40	4.48	17.93	23.81	52.38	80.32

四、农民工返乡创业扶持政策效果评价综合分析

上述分析主要针对调查数据，分别从知晓度、利用度、难度、满意度、重要度五个方面展开的，并没有考虑不同政策指标的权重。为了进一步综合分析农民工返乡创业扶持政策效果，结合前文利用层次分析法对各级指标赋权重，对收集的调查问卷的数据进行整理归纳，运用模糊综合评价法计算得出各指标综合分数。模糊综合评价法在处理定性及信息不全面的问题上有很大的优势，综合来看较适合用该方法对政策的实施成效进行评价。

（一）确定评价指标因素集

由上文可知，各级指标对应的评判集合如下所示。

一级指标：财政投资政策 B1、税收优惠政策 B2、财政补贴政策 B3、财政融资政策 B4。

第四章 共同富裕视域下农民工返乡创业财税扶持政策效果分析

二级指标：创业基础设施投资 C11、创业培训投资 C12、打造农民工返乡创业园区 C13、建立农民工创业专项扶持资金 C14、小微企业税收优惠 C21、重点群体创业就业税收优惠 C22、创业就业平台税收优惠 C23、创业培训补贴 C31、社会保险补贴 C32、创业补贴 C33、重点产业信贷支持 C41、创业贷款担保 C42、财政贴息 C43。

通过层次分析法计算确定了农民工返乡创业扶持政策的评估一级、二级指标的权重依次为：

$$W = (0.2761 \quad 0.3905 \quad 0.1381 \quad 0.1953)^T$$

$$W_{B1} = (0.4550 \quad 0.1411 \quad 0.2628 \quad 0.1411)^T$$

$$W_{B2} = (0.5000 \quad 0.2500 \quad 0.2500)^T$$

$$W_{B3} = (0.2500 \quad 0.5000 \quad 0.2500)^T$$

$$W_{B4} = (0.1634 \quad 0.5396 \quad 0.2970)^T$$

（二）确定评价集

取评价集为 X=(X1,X2,X3,X4,X5) 分别代表返乡创业扶持政策关于指标层的等级：差、较差、一般、良好、优秀五个等级，主要以调查问卷中满意度的数据为依据。为进一步去模糊化，构造加权分数向量（1,2,3,4,5）。

指标层的评价矩阵如下：

$$R_1 = \begin{bmatrix} 0.0279 & 0.0894 & 0.1285 & 0.3017 & 0.4525 \\ 0.0106 & 0.0582 & 0.1376 & 0.2751 & 0.5185 \\ 0.0101 & 0.0657 & 0.1313 & 0.2929 & 0.5000 \\ 0.0341 & 0.0739 & 0.1364 & 0.3068 & 0.4488 \end{bmatrix}$$

$$R_2 = \begin{bmatrix} 0.0089 & 0.0400 & 0.1067 & 0.3378 & 0.5066 \\ 0.0144 & 0.0625 & 0.1010 & 0.3317 & 0.4904 \\ 0.0195 & 0.0488 & 0.1122 & 0.3366 & 0.4829 \end{bmatrix}$$

$$R_3 = \begin{bmatrix} 0.0104 & 0.0518 & 0.0777 & 0.3264 & 0.5337 \\ 0.0162 & 0.0486 & 0.1405 & 0.3027 & 0.4920 \\ 0.0107 & 0.0321 & 0.1337 & 0.3048 & 0.5187 \end{bmatrix}$$

$$R_4 = \begin{bmatrix} 0.0273 & 0.0710 & 0.1585 & 0.2896 & 0.4536 \\ 0.0157 & 0.0733 & 0.1623 & 0.2984 & 0.4503 \\ 0.0106 & 0.0798 & 0.1702 & 0.3085 & 0.4309 \end{bmatrix}$$

将 W_{B1} 与 R_1 合成，得到指标 B1 的一级模糊综合评价矩阵：

$$= W_{B1} \times R_1 = (0.4550 \quad 0.1411 \quad 0.2628 \quad 0.1411) \times$$

$$\begin{bmatrix} 0.0279 & 0.0894 & 0.1285 & 0.3017 & 0.4525 \\ 0.0106 & 0.0582 & 0.1376 & 0.2751 & 0.5185 \\ 0.0101 & 0.0657 & 0.1313 & 0.2929 & 0.5000 \\ 0.0341 & 0.0739 & 0.1364 & 0.3068 & 0.4488 \end{bmatrix}$$

$$= (0.0216 \quad 0.0766 \quad 0.1316 \quad 0.2964 \quad 0.4738)$$

讲一步去模糊化：

$$T = Z \times C = (0.0216 \quad 0.0766 \quad 0.1316 \quad 0.2964 \quad 0.4738) \times \begin{bmatrix} 1 \\ 2 \\ 3 \\ 4 \\ 5 \end{bmatrix} = 4.1242$$

得出其他指标层指标的模糊评估结果和分值，如表 4-19。

表 4-19 指标层模糊评估结果和分值

指标	差 (%)	较差 (%)	一般 (%)	良好 (%)	优秀 (%)	分值
B1	2.16	7.66	13.16	29.64	47.38	4.12
B2	1.29	4.78	10.67	33.60	49.66	4.26
B3	1.34	4.53	12.31	30.91	50.91	4.26
B4	1.61	7.49	16.40	29.99	44.51	4.08

（三）二级模糊

将 W 与 Z 合成，得到目标层的模糊综合评价矩阵：

$$Z = W \times R =$$

$$(0.2761 \quad 0.3905 \quad 0.1381 \quad 0.1953) \times \begin{bmatrix} 0.0216 & 0.0766 & 0.1316 & 0.2964 & 0.4738 \\ 0.0129 & 0.0478 & 0.1067 & 0.3360 & 0.4966 \\ 0.0134 & 0.0453 & 0.1231 & 0.3091 & 0.5091 \\ 0.0161 & 0.0749 & 0.1640 & 0.2999 & 0.4451 \end{bmatrix}$$

$$= (0.0160 \quad 0.0607 \quad 0.1270 \quad 0.3143 \quad 0.4820)$$

进一步去模糊化：

$$T = Z \times C = (0.0160 \quad 0.0607 \quad 0.1270 \quad 0.3143 \quad 0.4820) \times \begin{bmatrix} 1 \\ 2 \\ 3 \\ 4 \\ 5 \end{bmatrix} = 4.18$$

（四）模糊综合评价计算结果

通过模糊综合评价法得出各个指标的分数如表 4-20 所示。

表 4-20　农民工返乡创业财税扶持政策的得分

目标层	一级指标	得分	二级指标	得分
农民工返乡创业财税扶持政策效果评价指标体系（A）4.18	财政投资政策（B1）	4.12	创业基础设施投资（C11）	4.06
			创业培训投资（C12）	4.23
			打造农民工返乡创业园区（C13）	4.21
			建立农民工创业专项扶持资金（C14）	4.06
	税收优惠政策（B2）	4.26	小微企业税收优惠（C21）	4.29
			重点群体创业就业税收优惠（C22）	4.22
			创业就业平台税收优惠（C23）	4.21
	财政补贴政策（B3）	4.26	创业培训补贴（C31）	4.32
			社会保险补贴（C32）	4.21
			创业补贴（C33）	4.29
	财政融资政策（B4）	4.08	重点产业信贷支持（C41）	4.07
			创业贷款担保（C42）	4.09
			财政贴息（C43）	4.07

五、相关结论

农民工返乡创业财税扶持政策的陆续出台虽然已经持续了较长一段时间，但是由于农民工返乡创业形式大多是小微企业、个体经营等，官方统计数据相对缺乏，因此，本节通过调研的方式获取数据，对财税扶持政策绩效进行定量化分析。具体以杭州市桐庐县和丽水市庆元县、云和县、龙泉市、松阳县、莲都区、遂昌县等7个县区为研究范围，通过对农民工返乡创业者的调研，对财税扶持政策绩效进行了评估。

按照评估主线，从政策"落实情况—收效情况—是否重要"的分项调查数据来看评估结果：在政策落实方面，宣传力度和推广力度较大，执行力度有待提高。87.96%的受访者知道相关政策，60.23%的受访者对政策有一定了解或比较熟悉。这说明，随着信息技术的不断进步，宣传方式越来越多，各级政府对政策的宣传效果较好。同时，政策推广力度与宣传力度相符，利用率较高，有60%以上的返乡创业者利用过财税扶持政策。如果排除不知道政策的12.04%的受访者，利用率可以达到72.93%。但是，也应该看到推广力度与宣传力度还有一定的提升空间。仍有12.04%的受访者不知道相关政策，27.73%的受访者知道但不了解政策，35.85%的受访者没有利用过政策。另外，政策的执行力度有待提高，60.5%的受访者认为政策执行有一定难度，需在政策的可操作性及体验度等方面进一步改进。在政策收效方面，实施效果普遍较好，但部分政策类型的满意度有待提升。从利用过政策的创业者对政策的评价来看，政策的满意度普遍较高，达到了74.89%。这说明政策对创业起到了较好的助推作用。四大类政策中，财政投资政策和财政融资政策的满意度相对较低，尤其需要进一步优化政策，提升满意度。在政策重要性方面，政策需求仍然迫切，政策供给需要加强。从创业者对政策的重要度评价来看，普遍认为财税扶持政策在创业过程中起到了重要作用，重要度为81.37%。而且，创业者更多关注政策的延续性，比如小微企业税收优惠政策的重要度最高，为83.54%。因此，后续需进一步改善和加强相关政策，为创业者提供更加完善的创业政策环境。

利用层次分析法，通过模糊综合评价法开展的综合分析数据显示评估结果：

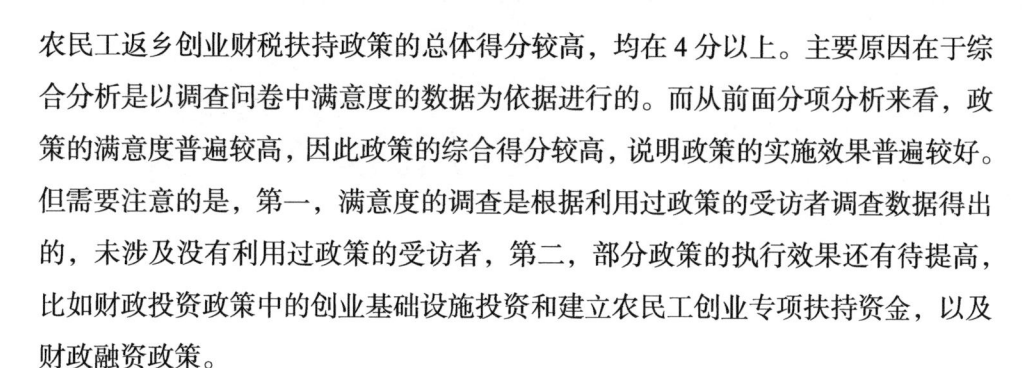

农民工返乡创业财税扶持政策的总体得分较高，均在 4 分以上。主要原因在于综合分析是以调查问卷中满意度的数据为依据进行的。而从前面分项分析来看，政策的满意度普遍较高，因此政策的综合得分较高，说明政策的实施效果普遍较好。但需要注意的是，第一，满意度的调查是根据利用过政策的受访者调查数据得出的，未涉及没有利用过政策的受访者，第二，部分政策的执行效果还有待提高，比如财政投资政策中的创业基础设施投资和建立农民工创业专项扶持资金，以及财政融资政策。

从调查结果中农民工返乡创业基本情况来看，融资困难是创业者面临的最大困难，说明对农民工创业的资金扶持方面还不够，金融信贷支持力度还不足。调查显示，返乡创业农民工选择创业的行业差异较大，且创业项目的规模也有差别。但是，目前提供的政策性创业贷款，主要以创业担保贷款为主，金融产品供给过于单一。创业担保贷款作为普惠性政策，能享受的人群不仅有返乡创业农民工，还包括在农村自主创业的农民、创业大学生以及失业人员等。对于农民工返乡创业的贷款没有特殊的优惠措施，也没有针对农民工返乡创业的特点及行业的特殊性提供的金融产品，缺少多样化的金融产品。从创业担保贷款的额度上来看，贷款金额也不高。一般来说，不同学历的创业者所能获取的额度不同，学历越高能够贷款的额度越大。但是，大多数返乡创业农民工的受教育程度不高，只能享受到基础的贷款额度，无法享受到更高额度的贷款。虽然有小微企业创业财税扶持政策，但农民工创业者往往由于达不到贷款门槛而望尘莫及，能获得的贷款支持有限，享受的创业担保贷款的额度较小。对于返乡农民工创办企业，特别是创办规模以上企业需要较大资金的，其支撑作用不够强。

第五章

研究结论与政策建议

第一节 研究结论

党的二十大报告强调了共同富裕是中国特色社会主义的本质要求和中国式现代化的重要特征，并提出了在新发展阶段中，共同富裕既是愿景也是长期奋斗的目标。针对当前城乡区域发展不平衡等问题，农民工返乡创业成为重要的解决方案，尤其在推动乡村振兴和实现共同富裕方面发挥着关键作用。在城乡中国背景下，推动农民工返乡创业是实现共同富裕的重要途径之一。为了更好地发挥这一作用，需要政府、社会和企业等多方面的共同努力。政府应制定更加优惠的政策措施，为农民工返乡创业提供资金、技术、市场等方面的支持；社会应加强对农民工返乡创业的宣传和引导，营造良好的创业氛围；企业则应积极与农民工合作，共同开发农村市场，实现互利共赢（黄祖辉等，2022）。

本研究重点关注了共同富裕视域下农民工返乡创业财税扶持政策问题，主要分为以下三个方面：一是农民工返乡创业对促进乡村振兴、实现共同富裕的作用问题；二是财税扶持政策对企业创新创业以及对农民工返乡创业起到的作用问题；三是当前国家及地方各级政府出台的农民工返乡创业财税扶持政策的效果如何。

一、农民工返乡创业助力乡村振兴和共同富裕

近年来，农民工返乡入乡创业呈现良好的发展态势，激发了全社会创新创业创造活力，助推了脱贫攻坚，加快了乡村振兴和共同富裕，促进了城镇化建设和城乡融合发展，稳定扩大就业效果逐步显现。一是促进了产业发展和兴旺，农民工返乡创业，带动了乡村产业发展，促进了农业现代化、农村产业化和农民职业化。二是增加了农民就业和收入，农民工返乡创业带动就业，让更多农村劳动力实现

家门口就业，显著提高了农村地区农民收入，并缩小了农民收入差距，助力脱贫攻坚。三是推动了乡风文明建设，农民工返乡创业，传播了城市文明，推动了乡村文化振兴，提升了农民整体素质。四是提升了生态环境及居住水平，农民工创业项目注重绿色发展，有利于改善农村生态环境，建设美丽乡村。五是改善了民生水平，农民工创业带动基础设施、公共服务等领域投资，提升了农村民生水平。

二、财税扶持政策对创新创业和返乡创业总体呈正向激励

政府补助和税收优惠政策是最受学者们关注的普惠性财税扶持政策，总体上对企业创新创业和农民工返乡创业呈正向激励。本研究专门对税收优惠政策中固定资产加速折旧抵税与企业研发投资关系进行了实证研究。结果表明：固定资产加速折旧政策显著促进了企业研发和固定资产投资、降低了企业金融化水平；固定资产加速折旧抵税政策，通过引导企业研发投资、固定资产投资和递延所得税获取，将企业的投资导向了实体经济领域，从而减少了企业金融资产方向的投资，抑制了实体企业金融化趋势。研究结论明确了结构性减税政策的调节作用和作用机制，对支持国家结构性减税政策的制定和实施具有现实意义。

三、当前财税扶持政策总体效果较好，但仍有改进空间

按照评估主线，从政策"落实情况—收效情况—是否重要"的分项调查数据来看评估结果：一是在政策落实方面，宣传力度和推广力度较大，但执行力度有待增强。当前，随着信息技术不断进步，宣传方式越来越多，各级政府对政策的宣传效果比较好。同时，政策推广力度与宣传力度相符合，利用率较高，但是也应该看到推广力度与宣传力度还有一定的提升空间，仍有小部分受访者不知道相关政策，或者知道但不了解政策，或者没有利用过政策。另外，政策的执行力度有待增强，有 50% 以上的受访者认为操作起来有一定难度，需在政策的可操作性及体验度等方面进一步改进。二是在政策收效方面，实施效果普遍较好，部分政策满意度有待提升。从利用过政策的创业者对政策的评价来看，对政策的满意度普遍较高，说明政策对创业起到了较好的助推作用。四大类政策中，财政投资政策和财政融资政策的满意度相对较低，尤其需要进一步优化政策，提升满意度。三是在政策重要性方面，政策需求仍然迫切，政策供给需要加强。从创业者对政策的重要度评价来看，普遍认为财税扶持政策在创业过程中起到了重要作用，而

且创业者更多关注政策的延续性，比如小微企业税收优惠政策等。因此后续需进一步改善、加强相关政策，为创业者提供更加完善的创业政策环境。

利用层次分析法，通过模糊综合评价法开展的综合分析数据来看评估结果：农民工返乡创业财税扶持政策的总体得分较高，均在 4 分以上，主要原因在于综合分析是以调查问卷中满意度的数据为依据进行的，而从前面分项分析来看，政策的满意度普遍较高，因此政策的综合得分较高，说明政策的实施效果普遍较好。但需要注意的是，第一，满意度是根据利用过政策的受访者调查数据得出的，未涉及没有利用过政策的受访者，第二，部分政策的执行效果还有待提高，比如财政投资政策中的创业基础设施投资和建立农民工创业专项扶持资金以及财政融资政策，从调查结果中农民工返乡创业基本情况来看，融资困难是创业者面临的最大困难，说明对农民工创业的资金扶持方面还不够，金融信贷支持力度还不足。调查显示返乡创业农民工选择创业的行业差异较大，且创业项目的规模也有差别。但是目前提供的政策性创业贷款，主要以创业担保贷款为主，金融产品供给过于单一。创业担保贷款作为普惠性政策，能享受的人群不仅有返乡创业农民工，还包括在农村自主创业的农民、创业大学生以及失业人员等，对于农民工返乡创业的贷款没有特殊的优惠措施，也没有针对农民工返乡创业的特点以及行业的特殊性给予的金融产品，缺少多样化的金融产品。从创业担保贷款的额度上来看，贷款金额也不高，一般来说不同学历的创业者所能够获取的额度不同，学历越高能够贷款的额度越大，但是大多数返乡创业农民工的受教育程度不高，只能享受到基础的贷款额度，没有办法享受到更多额度的贷款。虽然有小微企业创业财税扶持政策，但往往由于达不到贷款门槛而望尘莫及，农民工创业者的贷款支持有限，享受的创业担保贷款的额度较小，对于返乡农民工创办企业特别是创办规模以上企业需要较大资金的，其支撑作用不够强。

第二节　政策建议

基于以上研究结论，本书在进一步落实农民工返乡创业财税扶持政策、提升政策有效性方面提出以下政策性建议。

第五章 研究结论与政策建议

一、进一步抓好政策落实，加强政策咨询和指导

一是借助各类信息化平台，扩展宣传途径，让每一位返乡创业农民工尽可能知晓并利用好相关的财税扶持政策。二是积极搭建或完善农民工返乡创业服务平台，开展政策咨询、创业培训、融资贷款、跟踪指导等创业服务工作，降低政策利用中的难度。三是加强政策执行机构、创业服务平台内部工作人员的业务培训，提升其政策水平和服务质量。另外，从受访创业者的年龄和文化程度来看，40岁以上占比33.05%，初中及以下文化程度占比29.97%，这部分人员对政策的理解、运用能力相对较弱，因此相关部门和机构应采取主动上门服务的工作方式，深入基层，加强指导，同时加强调研，建立返乡农民工创业情况系统数据库，对创业者的需求及时掌握、及时处理、及时反馈，切实抓好政策落实。

二、进一步提升政策效用，优化政策内容和程序

一是在政策内容上，完善现有各类财税扶持政策，在创业基础设施投资、农民工创业专项扶持资金、重点产业信贷支持及财政贴息等方面尤其需要优化政策内容，提升创业者满意度。二是在政策使用程序上，深化"最多跑一次"改革，简化操作流程和审批程序，确保创业者能够更加高效、便利地享受政策。

三、进一步满足政策需求，加大政策供给和范围

一是在财政投资政策方面，继续加大对农村基础设施的财政投入力度，完善农村基础设施体系，优化农民工返乡创业硬件环境。二是在税收优惠政策方面，继续加大税收优惠力度，尤其是税基式税收优惠，提高税收优惠政策的有效性。三是在财政补贴政策方面，加大对农村相关产业财政补贴力度，支持电子商务、民宿、种养殖业等产业发展。四是在财政融资政策方面，加强农村信贷担保体系建设，采取由政府授权或担保方式进行抵押融资、金融租赁等方式筹集资金，为农民工创业提供信贷担保。同时，降低农村地区金融机构准入门槛，创新农村小额信贷制度，培育和支持农村新型金融机构发展，通过引入竞争机制提高农村地区金融服务的供给水平，完善农村金融机构体系，加大政策性金融贷款对返乡农民工创业的支持力度。具体可以从以下几个方面给予支持：首先是适当降低贷款门槛和减少限制条件，简化贷款申请流程，减少不必要的证明材料和审批环节。

对于征信记录良好、有稳定收入来源和明确创业计划的返乡农民工,给予优先贷款支持。设立专门的返乡农民工创业贷款窗口,提供一站式服务,提高贷款审批效率。其次是增加贷款额度,根据返乡农民工的创业行业和规模,合理设定贷款额度上限,确保资金充足以满足创业需求。对于具有创新性和成长潜力的项目,可以给予更高的贷款额度支持。鼓励金融机构与地方政府合作,设立返乡农民工创业贷款专项基金,增加资金来源。再次是延长贷款年限和降低利率,延长贷款年限,减轻返乡农民工的还款压力,使其有更多时间专注于创业发展;降低贷款利率,减少创业成本,提高返乡农民工的创业积极性。对于有过创业经历且资质较好的返乡农民工,可以提供更加灵活的还款方式,如先息后本等,以适应其资金流状况。最后是全程贷款支持,对返乡农民工创办的企业在初创期和成长期均给予贷款支持,确保资金需求的连续性。鼓励金融机构设立创业贷款跟踪服务机制,定期了解企业运营情况,提供必要的金融咨询和支持。对于发展势头良好、有扩大生产或转型升级需求的企业,可以提供追加贷款或再融资支持。

四、进一步加强数智税务建设,提升税务信息化服务水平

随着大数据、云计算和人工智能等新技术的广泛应用,全面建设"大数据+智能化"的"数智税务"将成为一种顺应时代的发展趋势。应深化应用新一代信息技术,构建业务云化、数据云化、应用云化的税务生态圈,逐步将税收征管方式从事项、流程、经验驱动转变为数据、规则、算力驱动,推动税务信息化服务水平提升。

当前,智能算法广泛应用于信息审计、数据库和信息检索,给现代化会计信息审计带来了巨大便利,也为会计凭证防伪和税务信息比对提供了智能化的方法,提高了信息处理的精准性,也增强了会计守法和依法纳税的遵从度。智能算法应用于财税领域方面,马春光等(2022)在研究中介绍了THT(Threaded Hash Trie),这是一种基于线程的整体哈希树匹配机的多模式算法。THT算法非常适合于混合外部上下文中的多模式匹配系统,具有低时间复杂度和可容忍的空间复杂度。在THT算法的具体实现方面,Trie结构是一种深度不同的多层树索引结构,它使用广度优先搜索策略,从左到右逐一找到同一层级的叶节点,找到匹配项后再移动到下一层。在匹配过程中,搜索路径为单次搜索,具有与确定性有限状态自动机(DFA)相似的搜索效率,但常规的 Trie 匹配结构必须遍历叶节点,这降

低了匹配速度。因此，通过将所有 Trie 叶节点设置为一个大小为 256 的完全哈希表来扩展传统的 Trie 结构，并使用字母设计流的内部代码作为键值创建一个完全哈希的引擎。中文字符在完全哈希引擎中由两级相邻的叶节点表示，英文字符由一级叶节点表示。模式字符串的末尾由特殊字符表示。由于单个字节的最大值为 255，因此很可能无需对汉字的高低字节进行任何额外操作即可实现全量哈希查找。由于汉字的高字节和低字节是单独构建的，因此它具有非常高的查找效率，并且没有空间扩展问题。

同时，在算法性能方面进行了实验分析，进一步论证了改进后的 THT 是一种新的基于距离的快速多模式类似字符串匹配算法，适用于会计中的内部审计信息。该算法以信息中的高低字节为键，构建全哈希的 Trie 匹配机，并根据模式字符串集的特征对 Trie 匹配机进行聚类，使得匹配算法在匹配过程中不需要回溯指针，有效提高了匹配效率，降低了算法的时间和空间复杂度。理论分析和实验结果表明，该算法能够避免混合信息环境下的失配和缺失匹配，且匹配速度明显优于现有算法，不存在空间扩展问题。

综合上述研究，改进后的 THT 在信息审计、税务智能审核、数据库和信息检索等领域都具有广阔的应用前景。在当前加强数智税务建设，提升税务信息化服务水平的要求下，创新研发"数字坐席"功能，以数字智能审核替代传统人工审核，可以从相关研究中借鉴，进一步提升财税政策的执行效果和效率。

附录一

支持农民工等人员返乡创业试点及共同富裕示范区等系列文件

关于结合新型城镇化开展支持农民工等人员返乡创业试点工作的通知

发改就业〔2015〕2811号

各省、自治区、直辖市发展改革委、工业和信息化主管部门、财政厅（局）、人力资源社会保障厅（局）、国土资源主管部门、住房城乡建设厅（委）、交通运输厅（委）、农业（农牧、农村经济）厅（委、局）、商务主管部门，中国人民银行上海总部、各分行、营业管理部、省会（首府）城市中心支行：

按照《国家新型城镇化规划（2014—2020年）》《国务院关于进一步做好新形势下就业创业工作的意见》（国发〔2015〕23号）和《国务院办公厅关于支持农民工等人员返乡创业的意见》（国办发〔2015〕47号）要求，国家发展改革委等十部门将结合新型城镇化开展支持农民工等人员返乡创业试点工作。现就有关事项通知如下：

一、重要意义

结合新型城镇化开展支持农民工等人员返乡创业试点工作，是深入贯彻落实国家新型城镇化规划和国办发〔2015〕47号文的重要抓手，是探索完善返乡创业体制机制的重要方式，是激发输出地经济发展内生动力、推进新型城镇化建设、推动区域均衡发展的重要途径，是促进大众创业、万众创新的重要实践，对于推动国家新型城镇化建设、支持返乡创业具有十分重要而积极的意义。

二、总体要求

结合新型城镇化开展支持农民工等人员返乡创业试点工作,要按照"四个全面"战略布局,全面贯彻落实党的十八大和十八届三中、四中、五中全会精神,按照打造良好创业生态系统的要求,破解影响返乡创业的政策壁垒,优化鼓励返乡创业的体制机制环境,加速经济资本、人力资本、社会资本的提升、扩散、共享,建立多层次多样化的返乡创业就业格局,全面提升劳务输出地返乡创业参与率、成功率,探索可复制、可推广的实践经验。

(一)营造环境,激发活力。坚持市场化导向,重点通过健全机制,调动市场主体支持、参与、推动返乡创业的积极性、主动性,进一步激发创业热情,为农民工等人员返乡创业提供广阔空间。

(二)优化布局,集群创业。因地制宜,深度开发特色优势资源,顺应产业转移趋势和潮流,借力互联网+等现代商业手段,加快培育具有区域特色的优势返乡创业产业集群,引导返乡人员围绕龙头产业、龙头企业集群创业。要合理布局,整合资源,统筹区域内返乡创业园区建设和产业布局,走差异化创业之路,避免遍地开花。

(三)统筹城乡,融合发展。鼓励开发乡村、乡土、乡韵潜在价值,鼓励返乡人员共创农民合作社、家庭农场、林场等新型农业经营主体,发展设施农业、规模种养业、农产品加工流通业、休闲农业、林下经济和乡村旅游,促进农村地区一二三产业融合发展,为农民工等人员返乡创业提供更多机会和选择,促进城乡统筹发展。

(四)绿色集约,有序推进。要坚持绿色、集约、实用的原则,按照绿色发展、循环发展、低碳发展的要求,把生态文明理念与支持返乡创业结合起来,避免盲目借返乡创业发展落后产业,承接落后产能。

(五)以人为本,保障有力。要统筹考虑社保、住房、教育、医疗等公共服务制度改革,及时将返乡创业就业人员纳入公共服务体系。加强基层就业和社会保障服务设施建设,提高服务能力。

三、主要任务

试点坚持问题导向，围绕农民工等人员返乡创业面临的场地短缺、基础设施不完善、公共服务不配套以及融资难融资贵、证照办理环节多等突出问题，按照聚焦重点、滚动实施的原则，重点做好以下工作：

（一）加强园区资源整合。依托现有各类开发区及闲置厂房等存量资源，通过PPP等多种方式，整合发展返乡创业园区，聚集生产要素，完善配套设施，降低创业成本。落实完善鼓励创业的用地支持、税费、租金减免和资金补贴等扶持政策，适当放宽用电用水标准，吸引更多农民工等人员入园创业、集群创业。鼓励符合条件的地方，发行中小企业集合债券、公司债券，依托股权众筹投资试点，扩大直接融资渠道。创新贷款担保方式，加大返乡创业金融支持力度。

（二）加强服务平台建设。试点地区在整合资源、统筹规划的基础上，继续加大投入，不断改善县、乡、村基础设施条件。加快交通基础设施建设，基本实现县城通二级以上公路，提高中小城市、小城镇通行能力。加快实施宽带乡村工程，开展电子商务进农村综合示范，整合利用已有资源，搭建便捷高效的电子商务交易平台，改善基层互联网创业基础条件。依托物流业转型升级、农产品冷链物流等项目，加快改善物流服务能力。创新支持方式，吸引社会资本加大投入，建设智能电商物流仓储设施，打通"工业品下乡、农产品进城"到千家万户的"最后一百米"。

（三）加强服务能力建设。鼓励试点地区依托基层就业和社会保障服务设施、政务服务大厅等拓展、整合创业政策咨询、创业孵化、创业培训等服务功能，全面提高返乡创业就业服务能力。引导有条件的地区，依托基层就业和社会保障服务场所，整合证照办理等相关公共服务资源，加快建立融资、融智、融商一体化创业服务中心，为外出务工人员返乡创业提供"一站式""一条龙"专业化服务。鼓励社会资本、龙头企业加大投入，围绕产业聚集发展链条，建设返乡创业服务孵化设施。

试点采取三年滚动的实施方式，每年选择一批县级地区开展试点。国家将根据试点申报情况，在整合资源、盘活存量的基础上，予以政策支持、项目支持和渠道支持。

一是强化政策支持。对于符合条件的试点地区，加快商事登记制度改革，落实定向减税和普遍性降费政策，创新新型农业经营主体财政支持方式，加大支持力度。鼓励地方在统筹规划、整合资源的基础上，优化、提高政策支持效果。

二是加强项目引导。对于基础设施薄弱、公共服务能力不足的试点地区，依托基层就业和社会保障服务设施项目、物流转型升级项目、宽带乡村工程等予以支持引导。试点地区按照盘活存量、补足短板的原则，做好项目规划和衔接，统筹申请专项建设债等项目支持。

三是组织渠道对接。开发符合外出务工人员返乡创业就业需要的培训课程，依托基层就业和社会保障服务平台，通过远程视频，实施"公益创业培训课程免费下县乡"活动。组织召开返乡创业圆桌座谈会，集中梳理各地促进返乡创业的好做法、好经验，研究分析存在的突出问题，打通政策设计到实际执行的渠道。

四、组织实施

（一）试点示范的选择范围。按照因地制宜、先行先试的原则，以新型城镇化建设任务较重，农民工、大学生、退役士兵等外出务工人员较多的输出地为主，选择一些县级城市结合新型城镇化开展支持农民工等人员返乡创业试点，着力培育和发展一批基础设施和公共服务明显改善、创业环境持续优化、返乡创业就业特色鲜明的城市，为进一步推进新型城镇化建设、支持返乡创业探索路径、积累经验。

（二）试点示范的申报要求。申报试点示范的地区应具备以下条件：一是试点地区高度重视，主要领导亲自负责组织实施，具有深化改革、探索创新的积极性和主动性。二是具有一定的工作基础，近年来已经按照新型城镇化建设的要求，出台了支持返乡创业的鼓励政策。优先考虑国家新型城镇化综合试点城市和中小城市综合改革试点城市。三是具有一定的代表性和典型意义，具备进行普及推广的示范价值。四是具有明确的试点方向和工作重点，能够突出本地区鼓励返乡创业的区域特色，具有较强的针对性，有明确的侧重点。试点地区要按季度定期向国家发展改革委报送就业创业进展信息。

请各省、自治区、直辖市发展改革委会同有关部门研究推荐 2～3 个符合条件的县级地区申报第一批试点，并于 2015 年 12 月 25 日前将申报材料（纸质版一式二十份并附电子版光盘）报送国家发展改革委。国家发展改革委将会同有关部门组织审定试点示范名单。

国家发展改革委

工业和信息化部

财　政　部

人力资源社会保障部

国土资源部

住房城乡建设部

交通运输部

农　业　部

商　务　部

人　民　银　行

2015 年 11 月 30 日

关于同意河北省威县等 90 个县（市、区）结合新型城镇化开展支持农民工等人员返乡创业试点的通知

发改就业〔2016〕395 号

各省、自治区、直辖市发展改革委、工业和信息化（中小企业）主管部门、财政厅（局）、人力资源社会保障厅（局）、国土资源主管部门、住房城乡建设厅（委）、交通运输厅（委）、农业（农牧、农村经济）厅（委、局）、商务主管部门，中国人民银行上海总部、各分行、营业管理部、省会（首府）城市中心支行：

为贯彻落实《国家新型城镇化规划（2014—2020 年）》《国务院关于进一步做好新形势下就业创业工作的意见》（国发〔2015〕23 号）和《国务院办公厅关

于支持农民工等人员返乡创业的意见》(国办发〔2015〕47号)精神，按照《关于结合新型城镇化开展支持农民工等人员返乡创业试点工作的通知》(发改就业〔2015〕2811号)要求，经国家发展改革委、工业和信息化部、财政部、人力资源社会保障部、国土资源部、住房城乡建设部、交通运输部、农业部、商务部、人民银行等十部门联合评审，同意河北省威县等90个县（市、区）（以下简称"试点地区"）结合新型城镇化开展支持农民工等人员返乡创业试点。现就试点工作有关事项通知如下：

一、明确主要任务

各试点地区要按照《国务院办公厅关于支持农民工等人员返乡创业的意见》和《关于结合新型城镇化开展支持农民工等人员返乡创业试点工作的通知》的要求，积极探索优化鼓励返乡创业的体制机制环境，打造良好创业生态系统。围绕农民工等人员返乡创业面临的场地短缺、基础设施不完善、公共服务不配套以及融资难融资贵、证照办理环节多等突出问题，重点做好园区资源整合、服务平台和服务能力建设等工作。同时，结合本地实际，加快发展农村电商，培育特色产业集群，在以返乡创业促扶贫发展、转型脱困、产城融合等方面，积极探索新路径。积极与电子商务龙头企业等市场资源、公益性培训机构等社会资源加强对接。

二、健全组织保障

各试点地区要成立主要领导牵头的结合新型城镇化开展支持农民工等人员返乡创业试点工作领导小组，全面负责试点工作的推进实施，建立健全"主要领导亲自抓、分管领导具体抓、职能部门抓落实"的工作机制。各省级发展改革部门要会同有关部门做好指导工作，协助解决好试点工作中的困难问题。

三、强化工作落实

各试点地区要做好年度计划，细化分解年度任务，明确责任分工，倒排时间节点，确保试点工作扎实有序推进。年度计划要报省级发展改革部门备案，经省

级发展改革部门会同有关部门审核同意后,通过适当形式向社会公开。

四、做好经验总结

各试点地区要及时总结试点工作进展情况、采取的主要做法、取得的成果经验、遇到的矛盾困难和下一步工作建议,形成半年度和年度总结报告报送省级发展改革部门,省级发展改革部门将各试点地区总结报告汇总后连同本省(区、市)试点工作情况报国家发展改革委。

五、开展创业就业监测

在返乡创业试点过程中,各试点地区要加强对创业就业的监测,及时掌握返乡创业就业等相关情况(包括创办的企业、所在行业、增加的岗位、创业人员及数量、吸纳就业人数、收入变化等信息),形成监测报告于每季度结束后10个工作日内报送省级发展改革部门,省级发展改革部门汇总后报送国家发展改革委。

六、注重宣传引导

各省(区、市)和试点地区要广泛宣传试点工作的理念要求、目标任务和政策措施,及时总结并宣传本地支持农民工等人员返乡创业的好经验、好做法和典型案例,提高试点工作的知晓率和参与率,形成全社会广泛参与的良好氛围。

七、加强监督考核

各省级发展改革部门要会同有关部门加强对各试点地区试点工作的监督考核和指导,及时向国家发展改革委反馈有关情况。国家发展改革委将会同有关部门加强评估考核,确保试点工作取得实效。

为更好地推动试点工作中的上下联动和沟通协作,保障工作顺畅高效开展,请各省级发展改革部门及各试点地区确定试点工作相关负责人和工作联系人员,各省级发展改革部门按照附件2汇总后于3月5日前报国家发展改革委。

附件：1. 结合新型城镇化开展支持农民工等人员返乡创业试点地区名单
2. 结合新型城镇化开展支持农民工等人员返乡创业试点工作联系人员信息表

国家发展改革委

工业和信息化部

财　政　部

人力资源社会保障部

国　土　资　源　部

住房城乡建设部

交　通　运　输　部

农　业　部

商　务　部

人　民　银　行

2016 年 2 月 26 日

附：结合新型城镇化开展支持农民工等人员返乡创业试点地区名单

河北：威县、平泉县、魏县

山西：介休市、寿阳县、蒲县

内蒙古：扎兰屯市、巴林左旗、和林格尔县

辽宁：大洼县

吉林：抚松县、珲春市、舒兰市、汪清县

黑龙江：方正县、宁安市、青冈县

江苏：宿迁市宿城区、新沂市、泗洪县、泗阳县

浙江：桐庐县、庆元县、云和县、龙泉市、松阳县

安徽：涡阳县、泗县、金寨县、界首市

福建：邵武市

江西：德兴市、新干县、宁都县、余江县

山东：邹城市、武城县、郓城县、淄博市淄川区

河南：汝州市、宜阳县、光山县、西平县、兰考县

湖北：通城县、罗田县、仙桃市、巴东县

湖南：醴陵市、江永县、涟源市、资兴市、芷江县

广东：清远市清新区、南雄市

广西：平果县、灵山县、岑溪市、浦北县

重庆：开县、綦江区

四川：富顺县、宜宾县、内江市市中区、仁寿县、简阳市

贵州：遵义市汇川区、兴仁县、印江县、凯里市

云南：沾益县、弥勒市

西藏：拉萨市堆龙德庆区、日喀则市桑珠孜区、昌都市卡若区

陕西：韩城市、子长县、紫阳县、平利县

甘肃：武威市凉州区、康县、陇西县、环县

青海：大通县、化隆县

宁夏：平罗县、同心县

新疆：伊宁市、喀什市、和田市

国家发展改革委办公厅关于做好第二批结合新型城镇化开展支持农民工等人员返乡创业试点地区申报工作的通知

发改办就业〔2016〕1869号

各省、自治区、直辖市发展改革委：

为贯彻落实《国家新型城镇化规划（2014—2020年）》《国务院关于进一步做好新形势下就业创业工作的意见》（国发〔2015〕23号）和《国务院办公厅关于支持农民工等人员返乡创业的意见》（国办发〔2015〕47号）精神，按照《关于结合新型城镇化开展支持农民工等人员返乡创业试点工作的通知》（发改就业〔2015〕2811号，以下简称《通知》）要求，在做好第一批结合新型城镇化开展支持农民工等人员返乡创业试点工作的基础上，我委将牵头组织实施第二批结合新型城镇化开展支持农民工等人员返乡创业试点工作，请你们按《通知》

要求，抓紧商有关部门组织试点申报工作。现将有关事项通知如下：

一、试点目标

通过试点，着力培育和发展一批基础设施和公共服务明显改善、创业环境持续优化、返乡创业就业特色鲜明的城市，加速经济资本、人力资本、社会资本的提升、扩散、共享，建立多层次多样化的返乡创业就业格局，全面提升返乡创业参与率、成功率，探索形成可复制、可推广的实践经验。

二、试点主体

试点主体应是新型城镇化建设任务较重，农民工、大学生、退役士兵等外出务工人员较多的县级地区，包括县、县级市、市辖区、旗等，不包括工业园区、开发区等园区性质的地区。

拟申报试点的地区应具备以下条件：一是高度重视，主要领导亲自负责组织实施，具有深化改革、探索创新的积极性和主动性。二是具有一定的工作基础，近年来已经按照新型城镇化建设的要求，出台了支持返乡创业的鼓励政策。三是具有一定的代表性和典型意义，具备进行普及推广的示范价值。四是具有明确的试点方向和工作重点，能够突出本地区鼓励返乡创业的区域特色，具有较强的针对性和明确的侧重点。五是发展劳动密集型接续产业的任务较重。

三、试点任务

按照《通知》关于试点任务的总体要求，着力破解影响返乡创业的政策壁垒，优化鼓励返乡创业的体制机制环境。围绕农民工等人员返乡创业面临的场地短缺、基础设施不完善、公共服务不配套以及融资难融资贵、证照办理环节多等突出问题，重点做好园区资源整合、服务平台和服务能力建设等工作。鼓励化解钢铁煤炭过剩产能任务较重的地区结合本地实际，加快培育发展接续产业和县乡特色产业，在以返乡创业促转型脱困等方面，积极探索新路径。

四、申报要求

各省、自治区、直辖市可推荐 3~5 个符合条件的县级地区进行申报,并适当向化解钢铁煤炭过剩产能任务较重的地区倾斜。拟申报试点的地区应以人民政府名义进行申报,并加盖人民政府公章。

五、组织实施

(一)各省、自治区、直辖市发展改革委组织有关县(市、区)进行自主申报,并指导拟申报试点的地区按照附件中试点申报材料的格式和内容要求组织申报材料。

(二)各省、自治区、直辖市发展改革委会同有关部门研究确定试点推荐名单,并于 2016 年 9 月 20 日前将申报材料 [纸质版一式两份,以省(区、市)为单位统一刻录的电子版光盘 10 份] 报送至我委。

(三)我委会同有关部门对申报材料进行综合评审后,确定第二批试点名单。

附件:第二批结合新型城镇化开展支持农民工等人员返乡创业试点地区申报材料提纲

国家发展改革委办公厅
2016 年 8 月 18 日

关于同意河北省阜城县等 116 个县(市、区)结合新型城镇化开展支持农民工等人员返乡创业试点的通知

发改就业〔2016〕2640 号

各省、自治区、直辖市发展改革委、工业和信息化(中小企业)主管部门、财政厅(局)、人力资源社会保障厅(局)、国土资源主管部门、住房城乡建设厅(委)、交通运输厅(委)、农业(农牧、农村经济)厅(委、局)、商务主管部门,

中国人民银行上海总部、各分行、营业管理部、省会（首府）城市中心支行：

为贯彻落实《国家新型城镇化规划（2014—2020年）》《国务院关于进一步做好新形势下就业创业工作的意见》（国发〔2015〕23号）和《国务院办公厅关于支持农民工等人员返乡创业的意见》（国办发〔2015〕47号）精神，按照《关于结合新型城镇化开展支持农民工等人员返乡创业试点工作的通知》（发改就业〔2015〕2811号）和《国家发展改革委办公厅关于做好第二批结合新型城镇化开展支持农民工等人员返乡创业试点地区申报工作的通知》（发改办就业〔2016〕1869号）要求，经评审，同意河北省阜城县等116个县（市、区）（以下简称"试点地区"）结合新型城镇化开展支持农民工等人员返乡创业试点。现就试点工作有关事项通知如下：

一、明确主要任务

各试点地区要按照《国务院办公厅关于支持农民工等人员返乡创业的意见》《关于结合新型城镇化开展支持农民工等人员返乡创业试点工作的通知》和《国家发展改革委办公厅关于做好第二批结合新型城镇化开展支持农民工等人员返乡创业试点地区申报工作的通知》的要求，积极探索优化鼓励返乡创业的体制机制环境，打造良好创业生态系统。围绕农民工等人员返乡创业面临的场地短缺、基础设施不完善、公共服务不配套以及融资难融资贵、证照办理环节多等突出问题，重点做好园区资源整合、服务平台和服务能力建设等工作。同时，结合本地实际，加快发展农村电商，培育特色产业集群，在以返乡创业促扶贫发展、转型脱困、化解产能、产城融合、特色小镇和重点镇建设等方面，积极探索新路径。积极与电子商务龙头企业等市场资源、公益性培训机构等社会资源加强对接。

二、健全组织保障

各试点地区要成立主要领导牵头的结合新型城镇化开展支持农民工等人员返乡创业试点工作领导小组，全面负责试点工作的推进实施，建立健全"主要领导亲自抓、分管领导具体抓、职能部门抓落实"的工作机制。各省级发展改革部门要会同有关部门做好指导工作，协助解决好试点工作中的困难问题。

三、强化工作落实

各试点地区要做好年度计划，细化分解年度任务，明确责任分工，倒排时间节点，确保试点工作扎实有序推进。年度计划要报省级发展改革部门备案，经省级发展改革部门会同有关部门审核同意后，通过适当形式向社会公开。

四、做好经验总结

各试点地区要及时总结试点工作进展情况、采取的主要做法、取得的成果经验、遇到的矛盾困难和下一步工作建议，形成半年度和年度总结报告报送省级发展改革部门，省级发展改革部门将各试点地区总结报告汇总后连同本省（区、市）试点工作情况报国家发展改革委。

五、开展创业就业监测

在返乡创业试点过程中，各试点地区要加强对创业就业的监测，及时掌握返乡创业就业等相关情况（包括创办的企业、所在行业、增加的岗位、创业人员及数量、吸纳就业人数、收入变化等信息），形成监测报告于每季度结束后10个工作日内报送省级发展改革部门，省级发展改革部门汇总后报送国家发展改革委。

六、注重宣传引导

各省（区、市）和试点地区要广泛宣传试点工作的理念要求、目标任务和政策措施，及时总结并宣传本地支持农民工等人员返乡创业的好经验、好做法和典型案例，提高试点工作的知晓率和参与率，形成全社会广泛参与的良好氛围。

七、加强监督考核

各省级发展改革部门要会同有关部门加强对各试点地区试点工作的监督考核和指导，及时向国家发展改革委反馈有关情况。国家发展改革委将会同有关部门加强评估考核，确保试点工作取得实效。

为更好地推动试点工作中的上下联动和沟通协作，保障工作顺畅高效开展，请各省级发展改革部门及各试点地区确定试点工作相关负责人和工作联系人员，各省级发展改革部门按照附件2汇总后于12月29日前报国家发展改革委。

附件：1.第二批结合新型城镇化开展支持农民工等人员返乡创业试点地区名单

2.结合新型城镇化开展支持农民工等人员返乡创业试点工作联系人员信息表

国家发展改革委

工业和信息化部

财　政　部

人力资源社会保障部

国土资源部

住房城乡建设部

交通运输部

农　业　部

商　务　部

人　民　银　行

2016年12月13日

附：第二批结合新型城镇化开展支持农民工等人员返乡创业试点地区名单

河北：阜城县、临西县、滦平县、南和县

山西：文水县、岚县、侯马市、武乡县、泽州县

内蒙古：托克托县、五原县、阿荣旗、准格尔旗、土默特右旗

辽宁：葫芦岛市南票区

吉林：梨树县、农安县、敦化市、延吉市

黑龙江：穆棱市、绥滨县、兰西县

江苏：句容市、连云港市赣榆区、邳州市、启东市、宿迁市宿豫区

浙江：丽水市莲都区、遂昌县

安徽：阜南县、太和县、濉溪县、太湖县、庐江县、无为县

福建：长汀县

江西：遂川县、于都县、赣州市南康区、乐平市、萍乡市湘东区、贵溪市

山　东：平度市、滕州市、菏泽市牡丹区、高青县、昌乐县

河　南：南乐县、夏邑县、沈丘县、平舆县、方城县、禹州市

湖　北：天门市、麻城市、云梦县、枝江市、郧西县、钟祥市

湖　南：湘潭县、宁乡县、慈利县、衡阳县、安乡县、道县

广　东：怀集县

广　西：大化瑶族自治县、荔浦县、贺州市平桂区、来宾市兴宾区、钟山县

海　南：琼海市、澄迈县

重　庆：垫江县、江津区、永川区、黔江区、合川区

四　川：遂宁市船山区、阆中市、剑阁县、邛崃市、绵阳市安州区、宜宾市南溪区

贵　州：清镇市、正安县、六盘水市钟山区、荔波县、台江县

云　南：南华县、普洱市思茅区、陆良县、祥云县、蒙自市

西　藏：工布江达县、山南市乃东区、芒康县

陕　西：扶风县、澄城县、商南县、延安市宝塔区、咸阳市杨陵区

甘　肃：高台县、渭源县、兰州市红古区、白银市平川区、定西市安定区、山丹县

宁　夏：贺兰县、青铜峡市、盐池县

新　疆：库尔勒市、库车县、阿图什市、吉木萨尔县、巴里坤县

国家发展改革委办公厅关于做好第三批结合新型城镇化开展支持农民工等人员返乡创业试点地区申报工作的通知

发改办就业〔2017〕1201号

各省、自治区、直辖市发展改革委：

　　为贯彻落实《国家新型城镇化规划（2014—2020年）》《国务院关于进一步做好新形势下就业创业工作的意见》（国发〔2015〕23号）、《国务院关于印发"十三五"促进就业规划的通知》（国发〔2017〕10号）和《国务院办公厅关于

支持农民工等人员返乡创业的意见》(国办发〔2015〕47号)精神,按照《关于结合新型城镇化开展支持农民工等人员返乡创业试点工作的通知》(发改就业〔2015〕2811号,以下简称《通知》)要求,在做好前两批结合新型城镇化开展支持农民工等人员返乡创业试点工作的基础上,将组织实施第三批结合新型城镇化开展支持农民工等人员返乡创业试点工作,请你们按《通知》要求,抓紧商有关部门组织试点申报工作。现将有关事项通知如下:

一、试点目标

通过试点,着力培育和发展一批基础设施和公共服务明显改善、创业环境持续优化、返乡创业就业特色鲜明的城市,加速经济资本、人力资本、社会资本的提升、扩散、共享,建立多层次多样化的返乡创业就业格局,全面提升返乡创业参与率、成功率,探索形成可复制、可推广的实践经验。

二、试点主体

试点主体应是新型城镇化建设任务较重,农民工、大学生、退役士兵等外出务工人员较多的县级地区,包括县、县级市、市辖区、旗等,不包括工业园区、开发区等园区性质的地区。

拟申报试点的地区应具备以下条件:一是高度重视,主要领导亲自负责组织实施,具有深化改革、探索创新的积极性和主动性。二是具有一定的工作基础,近年来已经按照新型城镇化建设的要求,出台了支持返乡创业的鼓励政策。三是具有一定的代表性和典型意义,具备进行普及推广的示范价值。四是具有明确的试点方向和工作重点,能够突出本地区鼓励返乡创业的区域特色,具有较强的针对性和明确的侧重点。五是发展劳动密集型产业促进脱贫攻坚任务较重。

三、试点任务

按照《通知》关于试点任务的总体要求,着力破解影响返乡创业的政策壁垒,优化鼓励返乡创业的体制机制环境。围绕农民工等人员返乡创业面临的场地短缺、基础设施不完善、公共服务不配套以及融资难融资贵、证照办理环节多等突出问

题，重点做好园区资源整合、服务平台和服务能力建设等工作。鼓励试点地区结合本地实际，在以返乡创业培育产业集群、发展农村电商、促进转型脱困、带动扶贫增收等方面，积极探索新路径。

四、申报要求

各省、自治区、直辖市可推荐 5 个左右符合条件的县级地区进行申报，并适当向化解产能、脱贫攻坚任务较重的地区倾斜。拟申报试点的地区应以人民政府名义进行申报，并加盖人民政府公章。

五、组织实施

（一）各省、自治区、直辖市发展改革委组织有关县（市、区）进行自主申报，并指导拟申报试点的地区按照附件中试点申报材料的格式和内容要求组织申报材料。

（二）各省、自治区、直辖市发展改革委会同有关部门研究确定试点推荐名单，并于 2017 年 7 月 31 日前将申报材料 [纸质版一式两份，以省（区、市）为单位统一刻录的电子版光盘 10 份] 报送至我委。

附件：申报材料提纲

国家发展改革委办公厅

2017 年 7 月 11 日

关于同意河北省大名县等 135 个县（市、区）结合新型城镇化开展支持农民工等人员返乡创业试点的通知

发改就业〔2017〕1848 号

各省、自治区、直辖市发展改革委、工业和信息化（中小企业）主管部门、财政厅（局）、人力资源社会保障厅（局）、国土资源主管部门、住房城乡建设厅（委）、交通运输厅（委）、农业（农牧、农村经济）厅（委、局）、商务主管部门，

中国人民银行上海总部、各分行、营业管理部、省会（首府）城市中心支行：

为贯彻落实《国家新型城镇化规划（2014—2020年）》《国务院关于进一步做好新形势下就业创业工作的意见》（国发〔2015〕23号）、《国务院关于印发"十三五"促进就业规划的通知》（国发〔2017〕10号）和《国务院办公厅关于支持农民工等人员返乡创业的意见》（国办发〔2015〕47号）精神，按照《关于结合新型城镇化开展支持农民工等人员返乡创业试点工作的通知》（发改就业〔2015〕2811号）和《国家发展改革委办公厅关于做好第三批结合新型城镇化开展支持农民工等人员返乡创业试点地区申报工作的通知》（发改办就业〔2017〕1201号）要求，经评审，同意河北省大名县等135个县（市、区）（以下简称"试点地区"）结合新型城镇化开展支持农民工等人员返乡创业试点。现就试点工作有关事项通知如下。

一、明确主要任务

各试点地区要按照《国务院办公厅关于支持农民工等人员返乡创业的意见》《关于结合新型城镇化开展支持农民工等人员返乡创业试点工作的通知》和《国家发展改革委办公厅关于做好第三批结合新型城镇化开展支持农民工等人员返乡创业试点地区申报工作的通知》要求，积极探索，优化返乡创业体制机制环境，打造良好创业生态系统。围绕农民工等人员返乡创业面临的场地短缺、基础设施不完善、公共服务不配套以及融资难融资贵、证照办理环节多等突出问题，重点做好园区资源整合、服务平台和服务能力建设等工作。同时，结合本地实际，加快发展农村电商，培育特色产业集群，在以返乡创业促扶贫发展、转型脱困、化解产能、产城融合、特色小镇和重点镇建设等方面，积极探索新路径。积极与电子商务龙头企业、开发性政策性金融机构等市场资源，公益性培训机构等社会资源加强对接。

二、健全组织保障

各试点地区要成立主要领导牵头的结合新型城镇化开展支持农民工等人员返乡创业试点工作领导小组，全面负责试点工作推进实施，建立健全"主要领导亲

自抓、分管领导具体抓、职能部门抓落实"的工作机制。各省级发展改革部门要会同有关部门做好指导工作，协助解决好试点工作中的困难问题。

三、强化工作落实

各试点地区要做好年度计划，细化分解年度任务，明确责任分工，倒排时间节点，确保试点工作扎实有序推进。年度计划要报省级发展改革部门备案，经省级发展改革部门会同有关部门审核同意后，通过适当形式向社会公开。

四、做好经验总结

各试点地区要及时总结试点工作进展情况、采取的主要做法、取得的成果经验、遇到的矛盾困难，适时提出下一步工作建议，形成半年度和年度总结报告报送省级发展改革部门，省级发展改革部门将各试点地区总结报告汇总后连同本省（区、市）试点工作情况报国家发展改革委。

五、开展创业就业监测

在返乡创业试点过程中，各试点地区要加强对创业就业的监测，及时掌握返乡创业就业等相关情况（包括创办的企业、所在行业、增加的岗位、创业人员及数量、吸纳就业人数、收入变化等信息），形成监测报告于每季度结束后10个工作日内报送省级发展改革部门，省级发展改革部门汇总后报送国家发展改革委。

六、注重宣传引导

各省（区、市）和试点地区要广泛宣传试点工作的理念要求、目标任务和政策措施，及时总结并宣传本地支持农民工等人员返乡创业的好经验、好做法和典型案例，提高试点工作的知晓率和参与率，形成全社会广泛参与的良好氛围。

七、加强监督考核

各省级发展改革部门要会同有关部门加强对各试点地区试点工作的监督考核和指导，及时向国家发展改革委反馈有关情况。国家发展改革委将会同有关部门加强评估考核，确保试点工作取得实效。

为更好地推动试点工作中的上下联动和沟通协作，保障工作顺畅高效开展，请各省级发展改革部门及各试点地区确定试点工作相关负责人和工作联系人员，各省级发展改革部门按照附件2汇总后于11月10日前报国家发展改革委。

附件：1.第三批结合新型城镇化开展支持农民工等人员返乡创业试点地区名单

2.结合新型城镇化开展支持农民工等人员返乡创业试点工作联系人员信息表

国家发展改革委

工业和信息化部

财　政　部

人力资源社会保障部

国土资源部

住房城乡建设部

交通运输部

农　业　部

商　务　部

人民银行

2017年10月24日

附：第三批结合新型城镇化开展支持农民工等人员返乡创业试点地区名单

河 北：大名县、临城县、阳原县、肃宁县、宽城县

山 西：交城县、方山县、曲沃县

内蒙古：林西县、奈曼旗、固阳县、正蓝旗、乌兰察布市集宁区

辽 宁：桓仁县、朝阳县、朝阳市龙城区

吉 林：和龙市、辉南县、集安市、辽源市龙山区

黑龙江：海林市、鸡东县、密山市、勃利县

江 苏：丰县、沛县、沭阳县、金湖县、如皋市

安 徽：临泉县、望江县、亳州市谯城区、潜山县、定远县、石台县、宿州

市埇桥区

福 建：连城县、武平县、古田县

江 西：泰和县、井冈山市、瑞金市、定南县、兴国县、南城县、上栗县、萍乡市安源区、全南县、石城县

山 东：沂源县、汶上县、新泰市、沂南县、庆云县、滨州市滨城区、曹县

河 南：鹿邑县、博爱县、新蔡县、鲁山县、项城市、虞城县、原阳县、孟津县、台前县、清丰县

湖 北：监利县、阳新县、松滋市、房县、黄梅县、随县

湖 南：平江县、桃源县、益阳市赫山区、泸溪县、江华县、桃江县、湘阴县、祁阳县

广 西：全州县、靖西市、容县、融安县

海 南：文昌市

重 庆：奉节县、渝北区、璧山区

四 川：沐川县、三台县、苍溪县、通江县、宣汉县、万源市、泸州市纳溪区、罗江县

贵 州：玉屏县、施秉县、独山县、兴义市、龙里县、普定县

云 南：保山市隆阳区、镇雄县、砚山县、凤庆县、石屏县、昭通市昭阳区、巍山县、永平县

西 藏：林芝市巴宜区、曲水县、加查县

陕 西：眉县、铜川市耀州区、铜川市印台区、延川县、定边县、镇巴县、西乡县、石泉县、洛南县

甘 肃：临洮县、临泽县、酒泉市肃州区、临夏县、古浪县、皋兰县、榆中县

宁 夏：彭阳县、银川市西夏区、吴忠市利通区

新 疆：托克逊县、博乐市、察布查尔县

国家发展改革委办公厅关于推广支持农民工等

人员返乡创业试点经验的通知

发改办就业〔2021〕721号

各省、自治区、直辖市、新疆生产建设兵团发展改革委：

为贯彻落实《关于支持农民工等人员返乡创业的意见》（国办发〔2015〕47号），2015年以来，国家发展改革委会同有关部门分三批组织341个返乡创业试点县（市、区）开展支持农民工等人员返乡创业试点工作。试点开展以来，我委大力整合相关政策、项目和市场资源，深入基层狠抓落实落地，各试点地区积极探索适合自身的返乡创业发展路径，形成了多层次多样化高质量的返乡创业发展格局，对带动就地就近就业、繁荣乡村产业、促进乡村振兴起到了巨大的推动作用。为进一步放大试点示范效应，现将试点典型经验予以推广。

一、引进培育发展返乡创业产业集群

结合当地经济发展实际，依托用好各类资源，引进培育发展了一批拉动就业能力强、增收效果显著的县乡特色产业集群，如江西省德兴市的遮阳产业、贵州省正安县的吉他产业、河南省汝州市的机绣纺织产业等等。

（一）充分利用本地要素禀赋。引导返乡创业与本地特色资源、区位条件、产业基础等相结合，大力发展具有比较优势的产业，是各地行之有效、值得推广的成功经验。安徽省凭借邻近长三角的区位优势，通过引导返乡创业积极承接产业转移，望江县大力发展服装产业，潜山县集中发展制刷产业，无为县积极发展电线电缆产业。重庆市充分利用各试点区县资源禀赋和交通优势，统一规划，发展各具特色的返乡创业产业集群，如永川区的现代农业、开州区的电子轻纺、綦江区的机械制造、垫江区的电商物流。江西省实施"一县一品"战略，立足原有的产业基础，南康县集中发展家具产业，新干县着力发展箱包皮具产业，德兴市创新发展遮阳产业。

（二）加大招商引资力度。以乡情、乡愁为纽带，以龙头企业、领军人才为支撑，

坚持精准招商，抓好以商招商，开展全产业链招商，引导返乡人员抱团发展、集群创业。贵州省正安县紧盯大量在外务工正安籍吉他制造业人才这一资源，组织工作队远赴广东等地开展招商，在招才引智中主打"乡情牌"，引导鼓励吉他制造技术人才返乡创业，随后又通过以商招商、产业链招商，引进了知名乐器和配套生产企业，开启了"无中生有"的吉他产业集聚发展之路。江西省鹰潭市余江区建立了以企业为核心的招商平台，依托国际眼镜城等返乡创业龙头企业的市场、技术优势，吸引东部地区上下游企业回归发展，形成了由100多家覆盖眼镜生产、加工、销售等全链条眼镜企业组成的产业集群，成为全国四大眼镜生产基地之一。江西省贵溪市积极引进和发展市场化中介机构，委托中介机构进行市场调查、项目洽谈，成功从东莞、深圳等地引进了多家大型企业项目入驻。

（三）大力发展电商产业。引导返乡农民工等人员创新创业与电商相结合，改变传统销售模式，延伸拉长上下游链条，促进优质产品销售，推动配套行业集聚协同发展，拓展返乡创业空间。国家发展改革委分别与阿里巴巴集团、京东集团等电子商务龙头企业签署战略合作协议，支持试点地区建设电商平台、物流渠道和营销网络，解决农产品"上行难"问题，带动更多人员返乡创业就业。湖北省枝江市以扶持返乡人员电商创业为抓手，通过安排专项扶持资金、建设电商孵化器、开展电商培训、推进返乡电商创业试点等举措，强化政策支持，形成了返乡电商创业的"枝江模式"。江苏省沭阳县大力发展"花木电商"，依托沭阳软件产业园、苏奥电商产业园以及各类众创空间和孵化基地，加强电商创业载体建设，实施"远程网店"工程，建立"淘宝·沭阳直播基地"，在电商主流平台开设花木专场，构建"县有园区、镇有集中区、村有网点"的三级快递物流体系，每年评选"十大诚信花木电商""沭阳十大淘宝精英""沭阳十大诚信花木网店"，通过返乡创业做大做强花木产业，引领全县乡村产业振兴。

二、强化返乡创业平台支撑

搭建返乡创业孵化基地、返乡创业产业园等平台载体，提供配套服务，降低初创成本，为培育返乡创业市场主体提供有力支撑。

（四）打造专业化返乡创业孵化平台。依托各类返乡创业孵化平台，提供全要素全链条的返乡创业孵化服务，帮助返乡创业企业尽快发展壮大。河南省汝州市建立了4个返乡创业孵化基地，采取众创空间、创新工场、模拟创业等模式，初创期返乡创业企业可免费入驻。山东省菏泽市牡丹区建立了6个线上线下一体、孵化与加速一体的返乡创业孵化基地，具有孵化、培训、辅助运营、物流配送等综合功能。湖南省醴陵市实行创业孵化基地共建、资源共享，构建起"政府、社会、行业企业、学校"四位一体的返乡创业孵化联动机制。四川省宜宾市叙州区搭建孵化物理平台、服务平台、交流平台、推广平台等四大平台，助力种子项目落地生根、新建企业稳定运营、成熟企业加速发展。

（五）建设改造提升返乡创业园。通过建设一体化、标准化厂房，完善基础设施，实现企业"拎包入驻"，降低运营成本，促进返乡创业企业集群发展。河南省汝州市围绕发展机绣产业，根据返乡人员创业和经营特点，建设了占地4000余亩的汝绣农民工返乡创业产业园，并实行三年免租金政策，为返乡创业企业提供集聚发展的平台。江西省德兴市投资8亿元建成了占地505亩的返乡创业示范基地，建设了40多万平方米的标准厂房及配套设施，以最低廉的价格出租给返乡创业企业，企业仅需投资生产设备就可以入驻，投资周期大大缩短。安徽省太湖县建设了占地47.7亩新仓镇农民工返乡创业园，采取"财政补一点、税收补一点、金融机构贷一点、规费减一点、职能部门帮一点"的方式支持农民工进驻园区经营。

三、着力解决"痛点""难点"问题

聚焦融资难、用地难、引才难等返乡创业面临的"痛点""难点"问题，因地制宜制定政策举措，强化返乡创业要素支持。

（六）缓解融资难问题。各地纷纷通过创新信贷政策、开发返乡创业金融产品、扩大直接融资渠道等举措，缓解返乡创业融资难问题。国家发展改革委会同国家开发银行、农业发展银行搭建"政银企"合作平台，设立返乡创业专项贷款，扩大返乡创业金融供给，重点支持农产品开发、龙头企业发展和园区基础设施建设。河南省设立总规模100亿元的农民工返乡创业投资基金，通过撬动社会资本加大对初创型返乡创业企业的支持力度。江西省赣州市南康区以县域金融改革创新试点为抓手，引导区内银行创新推出"产业升级贷""品牌贷"等50个金融创新产品，发行"双创债",支持返乡创业企业融资。甘肃省高台县引入社会资本出资,设立"弱水三千创业创新基金",对种子期返乡创业项目进行天使投资。四川省邛崃市引入保险公司开发农村土地流转履约保证保险产品,降低返乡创业项目风险。

（七）保障返乡创业用地。部分试点地区通过扩大增量、盘活存量、创新供应方式,有效满足了返乡创业用地需求,经验值得复制推广。山西省岚县首次将返乡人员创业用地纳入城乡发展规划、新农村建设总体规划和村镇建设规划统筹安排,优先保障返乡创业用地。云南省南华县在全省范围内率先将政府公租房提供给创业积极性较高的返乡农民工作为经营用房。安徽省泗县在未新增用地指标的前提下,将原"僵尸"企业用地和厂房改造用于支持返乡创业。山东省沂南县通过盘活老厂区低效闲置土地,优先用于返乡创业。四川省仁寿县通过工业用地弹性年期出让、长期租赁、先租后让、租让结合等土地供应方式,降低返乡创业用地一次性支出成本。

（八）注重引人留人。建立完善人才培育、引进、保障、激励政策体系,积极吸引人才、留住人才。重庆市永川区建立返乡人才项目库,收录农村实用人才,采用分类对接、重点跟踪的方式,以乡情和资源等优势吸引他们返乡创业,同时出台了"英才培育引进16条"等激励政策,为返乡人才引进培育提供"绿色通道"、解决后顾之忧。四川省宜宾市实施"杰出创业人才培育计划",对大学生、科技人员等返乡创业人才给予培育扶持资金,对急需引进人才开展高科技含量返乡创业项目给予补贴。陕西省充分发挥杨凌农业高新技术产业示范区辐射作用,依托各类技术院校教学平台,定向培养返乡创业高端人才。安徽省濉溪县建立了"农民创业星火人才库",对创业成效突出的返乡创业人才进行跟踪培养,及时吸收进党员和村"两委"队伍。

（九）优化创业服务。深入推进"放管服"改革,强化政府职能,健全服务机制,为返乡创业提供强有力服务保障,营造良好的返乡创业营商环境。江苏省金湖县推行返乡农民工本土创业准入"无门槛"、服务"零收费"、注资"分步走"、场所"无限制"改革,率先上线"多评合一"网上服务平台,为农民工等人员返乡创业提供全程代办服务。四川省宜宾市叙州区创新设立"1+N"返乡创业服务平台,即1个县级加多个乡镇服务平台,平台之间网络互通、资源共享,为返乡人员提供远程在线服务。江西省鹰潭市成立了返乡创业项目评审组,实施一名干部联系一个创业项目的"一对一"帮扶指导,为创业者提供政策咨询、项目推介、开业指导、创业培训等服务。江西省于都县建立"店小二"机制,确保每家返乡创业企业有一名挂点县领导、一个服务单位、一名具体负责人提供点对点服务,帮助企业解决项目落地各个阶段的各种困难。安徽省金寨县根据创业者需求列出技能"培训菜单",依托当地技师学院大力培训返乡创业人员。河南省新蔡县运用政府购买服务机制,引入专业化市场中介服务机构,提供市场分析、管理辅导等深度服务,帮助初创期企业改善管理、开拓市场。

各地要认真学习借鉴并应用典型经验。国家结合新型城镇化开展支持农民工等人员返乡创业试点已到期,试点工作到此结束,相关文件同时废止。同时,鼓励这些地区继续探索创新,不断推出有效的改革举措,推动返乡创业工作再上新台阶。

附件:同时废止的返乡创业试点相关文件

国家发展改革委办公厅
2021 年 9 月 15 日

中共中央 国务院
关于支持浙江高质量发展建设共同富裕示范区的意见

(2021 年 5 月 20 日)

共同富裕是社会主义的本质要求,是人民群众的共同期盼。改革开放以来,通过允许一部分人、一部分地区先富起来,先富带后富,极大解放和发展了社会生产力,人民生活水平不断提高。党的十八大以来,以习近平同志为核心的党中央不忘初心、牢记使命,团结带领全党全国各族人民,始终朝着实现共同富裕的目标不懈努力,全面建成小康社会取得伟大历史性成就,特别是决战脱贫攻坚取得全面胜利,困扰中华民族几千年的绝对贫困问题得到历史性解决,为新发展阶段推动共同富裕奠定了坚实基础。

党的十九届五中全会对扎实推动共同富裕作出重大战略部署。实现共同富裕不仅是经济问题，而且是关系党的执政基础的重大政治问题。共同富裕具有鲜明的时代特征和中国特色，是全体人民通过辛勤劳动和相互帮助，普遍达到生活富裕富足、精神自信自强、环境宜居宜业、社会和谐和睦、公共服务普及普惠，实现人的全面发展和社会全面进步，共享改革发展成果和幸福美好生活。随着我国开启全面建设社会主义现代化国家新征程，必须把促进全体人民共同富裕摆在更加重要的位置，向着这个目标更加积极有为地进行努力，让人民群众真真切切感受到共同富裕看得见、摸得着、真实可感。

当前，我国发展不平衡不充分问题仍然突出，城乡区域发展和收入分配差距较大，各地区推动共同富裕的基础和条件不尽相同。促进全体人民共同富裕是一项长期艰巨的任务，需要选取部分地区先行先试、作出示范。浙江省在探索解决发展不平衡不充分问题方面取得了明显成效，具备开展共同富裕示范区建设的基础和优势，也存在一些短板弱项，具有广阔的优化空间和发展潜力。支持浙江高质量发展建设共同富裕示范区，有利于通过实践进一步丰富共同富裕的思想内涵，有利于探索破解新时代社会主要矛盾的有效途径，有利于为全国推动共同富裕提供省域范例，有利于打造新时代全面展示中国特色社会主义制度优越性的重要窗口。现就支持浙江高质量发展建设共同富裕示范区提出如下意见。

一、总体要求

（一）指导思想。以习近平新时代中国特色社会主义思想为指导，深入贯彻党的十九大和十九届二中、三中、四中、五中全会精神，全面贯彻落实习近平总书记关于浙江工作的重要指示批示精神，坚持稳中求进工作总基调，坚持以人民为中心的发展思想，立足新发展阶段、贯彻新发展理念、构建新发展格局，紧扣推动共同富裕和促进人的全面发展，坚持以满足人民日益增长的美好生活需要为根本目的，以改革创新为根本动力，以解决地区差距、城乡差距、收入差距问题为主攻方向，更加注重向农村、基层、相对欠发达地区倾斜，向困难群众倾斜，支持浙江创造性贯彻"八八战略"，在高质量发展中扎实推动共同富裕，着力在完善收入分配制度、统筹城乡区域发展、发展社会主义先进文化、促进人与自然和谐共生、创新社会治理等方面先行示范,构建推动共同富裕的体制机制,着力激发人民群众积极性、主动性、创造性,促进社会公平,增进民生福祉,不断增强人民群众的获得感、幸福感、安全感和认同感,为实现共同富裕提供浙江示范。

(二)工作原则

——坚持党的全面领导。坚定维护党中央权威和集中统一领导,充分发挥党总揽全局、协调各方的领导核心作用,坚持和完善中国特色社会主义制度,把党的政治优势和制度优势转化为推动共同富裕示范区建设、广泛凝聚各方共识的强大动力和坚强保障。

——坚持以人民为中心。坚持发展为了人民、发展依靠人民、发展成果由人民共享,始终把人民对美好生活的向往作为推动共同富裕的奋斗目标,瞄准人民群众所忧所急所盼,在更高水平上实现幼有所育、学有所教、劳有所得、病有所医、老有所养、住有所居、弱有所扶。

——坚持共建共享。弘扬勤劳致富精神,鼓励劳动者通过诚实劳动、辛勤劳动、创新创业实现增收致富,不断提高劳动生产率和全要素生产率。充分发挥市场在资源配置中的决定性作用,更好发挥政府作用,体现效率、促进公平,坚决防止两极分化,在发展中补齐民生短板,让发展成果更多更公平惠及人民群众。

——坚持改革创新。坚定不移推进改革,推动有利于共同富裕的体制机制不断取得新突破,着力破除制约高质量发展高品质生活的体制机制障碍,强化有利于调动全社会积极性的重大改革开放举措。坚持创新在现代化建设全局中的核心地位,深入实施创新驱动发展战略,率先在推动共同富裕方面实现理论创新、实践创新、制度创新、文化创新。

——坚持系统观念。立足当前、着眼长远,统筹考虑需要和可能,按照经济社会发展规律循序渐进,脚踏实地、久久为功,不吊高胃口、不搞"过头事",尽力而为、量力而行,注重防范化解重大风险,使示范区建设与经济发展阶段相适应、与现代化建设进程相协调,不断形成推动共同富裕的阶段性标志性成果。

(三)战略定位

——高质量发展高品质生活先行区。率先探索实现高质量发展的有效路径,促进城乡居民收入增长与经济增长更加协调,构建产业升级与消费升级协调共进、

经济结构与社会结构优化互促的良性循环,更好满足人民群众品质化多样化的生活需求,富民惠民安民走在全国前列。

——城乡区域协调发展引领区。坚持城乡融合、陆海统筹、山海互济,形成主体功能明显、优势互补、高质量发展的国土空间开发保护新格局,健全城乡一体、区域协调发展体制机制,加快基本公共服务均等化,率先探索实现城乡区域协调发展的路径。

——收入分配制度改革试验区。坚持按劳分配为主体、多种分配方式并存,着重保护劳动所得,完善要素参与分配政策制度,在不断提高城乡居民收入水平的同时,缩小收入分配差距,率先在优化收入分配格局上取得积极进展。

——文明和谐美丽家园展示区。加强精神文明建设,推动生态文明建设先行示范,打造以社会主义核心价值观为引领、传承中华优秀文化、体现时代精神、具有江南特色的文化强省,实现国民素质和社会文明程度明显提高、团结互助友爱蔚然成风、经济社会发展全面绿色转型,成为人民精神生活丰富、社会文明进步、人与自然和谐共生的幸福美好家园。

(四)发展目标

到 2025 年,浙江省推动高质量发展建设共同富裕示范区取得明显实质性进展。经济发展质量效益明显提高,人均地区生产总值达到中等发达经济体水平,基本公共服务实现均等化;城乡区域发展差距、城乡居民收入和生活水平差距持续缩小,低收入群体增收能力和社会福利水平明显提升,以中等收入群体为主体的橄榄型社会结构基本形成,全省居民生活品质迈上新台阶;国民素质和社会文明程度达到新高度,美丽浙江建设取得新成效,治理能力明显提升,人民生活更加美好;推动共同富裕的体制机制和政策框架基本建立,形成一批可复制可推广的成功经验。

到 2035 年,浙江省高质量发展取得更大成就,基本实现共同富裕。人均地区生产总值和城乡居民收入争取达到发达经济体水平,城乡区域协调发展程度更高,收入和财富分配格局更加优化,法治浙江、平安浙江建设达到更高水平,治理体系和治理能力现代化水平明显提高,物质文明、政治文明、精神文明、社会文明、生态文明全面提升,共同富裕的制度体系更加完善。

二、提高发展质量效益，夯实共同富裕的物质基础

（五）大力提升自主创新能力。以创新型省份建设为抓手，把科技自立自强作为战略支撑，加快探索社会主义市场经济条件下新型举国体制开展科技创新的浙江路径。实施好关键核心技术攻关工程，强化国家战略科技力量，为率先实现共同富裕提供强劲内生动力。支持布局重大科技基础设施和平台，建设创新策源地，打造"互联网+"、生命健康、新材料科创高地。高水平建设杭州、宁波温州国家自主创新示范区，深化国家数字经济创新发展试验区建设，强化"云上浙江"和数字强省基础支撑，探索消除数字鸿沟的有效路径，保障不同群体更好共享数字红利。畅通创新要素向企业集聚通道，鼓励企业组建创新联合体和知识产权联盟，建设共性技术平台。加大对科技成果应用和产业化的政策支持力度，打造辐射全国、链接全球的技术交易平台。

（六）塑造产业竞争新优势。巩固壮大实体经济根基，夯实共同富裕的产业基础。加快推进产业转型升级，大力推动企业设备更新和技术改造，推动传统产业高端化、智能化、绿色化发展，做优做强战略性新兴产业和未来产业，培育若干世界级先进制造业集群，打响"浙江制造"品牌。促进中小微企业专精特新发展，提升创新能力和专业化水平。推动农村一二三产业融合发展，建设农业现代化示范区，做精农业特色优势产业和都市农业，发展智慧农业。加快服务业数字化、标准化、品牌化发展，推动现代服务业同先进制造业、现代农业深度融合。畅通金融服务实体经济渠道。

（七）提升经济循环效率。落实构建新发展格局要求，贯通生产、分配、流通、消费各环节，在率先实现共同富裕进程中畅通经济良性循环。深化供给侧结构性改革，扩大优质产品和服务消费供给，加快线上线下消费双向深度融合。支持适销对路的优质外贸产品拓宽内销渠道。加快构建现代流通体系，推动海港、陆港、空港、信息港"四港"联动。统筹推进浙江自由贸易试验区各片区联动发展，开展首创性和差别化改革探索。畅通城乡区域经济循环，破除制约城乡区域要素平等交换、双向流动的体制机制障碍，促进城乡一体化、区域协调发展。支持浙江发挥好各地区比较优势，加强大湾区大花园大通道大都市区建设。更加主动对接

上海、江苏、安徽，更好融入长三角一体化发展。加快建设"一带一路"重要枢纽，大力发展数字贸易、服务贸易，发展更高水平开放型经济。

（八）激发各类市场主体活力。推动有效市场和有为政府更好结合，培育更加活跃更有创造力的市场主体，壮大共同富裕根基。高水平推动浙江杭州区域性国资国企综合改革试验，完善国有资产监管体制，规范有序开展混合所有制改革，做强做优做大国有资本和国有企业，充分发挥国有经济战略支撑作用。完善产权保护制度，构建亲清政商关系，促进非公有制经济健康发展和非公有制经济人士健康成长，破除制约民营企业发展的各种壁垒，完善促进中小微企业和个体工商户发展的法律环境和政策体系，建立企业减负长效机制。加快建设高标准市场体系，持续优化市场化法治化国际化营商环境，实施统一的市场准入负面清单制度。坚持发展和规范并重，建立健全平台经济治理体系，督促平台企业承担质量和安全保障等责任，推动平台经济为高质量发展和高品质生活服务。加大反垄断和反不正当竞争执法司法力度，提升监管能力和水平，实现事前事中事后全链条监管，防止资本无序扩张。

三、深化收入分配制度改革，多渠道增加城乡居民收入

（九）推动实现更加充分更高质量就业。强化就业优先政策，坚持经济发展就业导向，扩大就业容量，提升就业质量，促进充分就业。支持和规范发展新就业形态，完善促进创业带动就业、多渠道灵活就业的保障制度。统筹各类职业技能培训资金，合理安排就业补助资金，健全统筹城乡的就业公共服务体系。鼓励返乡入乡创业。完善重点群体就业支持体系，帮扶困难人员就业。创造公平就业环境，率先消除户籍、地域、身份、性别等影响就业的制度障碍，深化构建和谐劳动关系，推动劳动者通过辛勤劳动提高生活品质。

（十）不断提高人民收入水平。优化政府、企业、居民之间分配格局，支持企业通过提质增效拓展从业人员增收空间，合理提高劳动报酬及其在初次分配中的比重。健全工资合理增长机制，完善企业薪酬调查和信息发布制度，合理调整最低工资标准，落实带薪休假制度。完善创新要素参与分配机制，支持浙江加快探索知识、技术、管理、数据等要素价值的实现形式。拓宽城乡居民财产性收入

渠道,探索通过土地、资本等要素使用权、收益权增加中低收入群体要素收入。丰富居民可投资金融产品,完善上市公司分红制度。鼓励企业开展员工持股计划。深入推进农村集体产权制度改革,巩固提升农村集体经济,探索股权流转、抵押和跨社参股等农村集体资产股份权能实现新形式。立足当地特色资源推动乡村产业发展壮大,完善利益联结机制,让农民更多分享产业增值收益。支持浙江率先建立集体经营性建设用地入市增值收益分配机制。

(十一)扩大中等收入群体。实施扩大中等收入群体行动计划,激发技能人才、科研人员、小微创业者、高素质农民等重点群体活力。加大人力资本投入力度,健全面向劳动者的终身职业技能培训制度,实施新时代浙江工匠培育工程,加快构建产教训融合、政企社协同、育选用贯通的技术技能人才培养培训体系,完善技能人才薪酬分配政策,拓宽技术工人上升通道。对有劳动能力的低收入群体,坚持开发式帮扶,提高内生发展能力,着力发展产业使其积极参与就业。拓展基层发展空间,保障不同群体发展机会公平,推动更多低收入群体迈入中等收入群体行列。规范招考选拔聘用制度,完善评价激励机制。完善党政机关、企事业单位和社会各方面人才顺畅流动的制度体系。实行更加开放的人才政策,激发人才创新活力。

(十二)完善再分配制度。支持浙江在调节收入分配上主动作为,加大省对市县转移支付等调节力度和精准性,合理调节过高收入。依法严厉惩治贪污腐败,继续遏制以权力、行政垄断等非市场因素获取收入,取缔非法收入。优化财政支出结构,加大保障和改善民生力度,建立健全改善城乡低收入群体等困难人员生活的政策体系和长效机制。

(十三)建立健全回报社会的激励机制。鼓励引导高收入群体和企业家向上向善、关爱社会,增强社会责任意识,积极参与和兴办社会公益事业。充分发挥第三次分配作用,发展慈善事业,完善有利于慈善组织持续健康发展的体制机制,畅通社会各方面参与慈善和社会救助的渠道。探索各类新型捐赠方式,鼓励设立慈善信托。加强对慈善组织和活动的监督管理,提高公信力和透明度。落实公益性捐赠税收优惠政策,完善慈善褒奖制度。

四、缩小城乡区域发展差距，实现公共服务优质共享

（十四）率先实现基本公共服务均等化。推进城乡区域基本公共服务更加普惠均等可及，稳步提高保障标准和服务水平。推动义务教育优质均衡发展，建成覆盖城乡的学前教育公共服务体系，探索建立覆盖全省中小学的新时代城乡教育共同体，共享"互联网＋教育"优质内容，探索终身学习型社会的浙江示范，提高人口平均受教育年限和综合能力素质。深入实施健康浙江行动，加快建设强大的公共卫生体系，深化县域医共体和城市医联体建设，推动优质医疗资源均衡布局。积极应对人口老龄化，提高优生优育服务水平，大力发展普惠托育服务体系，加快建设居家社区机构相协调、医养康养相结合的养老服务体系，发展普惠型养老服务和互助性养老。健全全民健身公共服务体系。

（十五）率先实现城乡一体化发展。高质量创建乡村振兴示范省，推动新型城镇化与乡村振兴全面对接，深入探索破解城乡二元结构、缩小城乡差距、健全城乡融合发展的体制机制。推动实现城乡交通、供水、电网、通信、燃气等基础设施同规同网。推进以人为核心的新型城镇化，健全农业转移人口市民化长效机制，探索建立人地钱挂钩、以人定地、钱随人走制度，切实保障农民工随迁子女平等接受义务教育，逐步实现随迁子女入学待遇同城化。促进大中小城市与小城镇协调发展。推进以县城为重要载体的城镇化建设，推进空间布局、产业发展、基础设施等县域统筹，赋予县级更多资源整合使用的自主权。以深化"千村示范、万村整治"工程牵引新时代乡村建设。

（十六）持续改善城乡居民居住条件。坚持房子是用来住的、不是用来炒的定位，完善住房市场体系和住房保障体系，确保实现人民群众住有所居。针对新市民、低收入困难群众等重点群体，有效增加保障性住房供给。对房价比较高、流动人口多的城市，土地供应向租赁住房建设倾斜，探索利用集体建设用地和企事业单位自有闲置土地建设租赁住房，扩大保障性租赁住房供给，加快完善长租房政策，使租购住房在享受公共服务上具有同等权利。全面推进城镇老旧小区改造和社区建设，提升农房建设质量，加强农村危房改造，探索建立农村低收入人口基本住房安全保障机制，塑造江南韵、古镇味、现代风的新江南水乡风貌，提升城乡宜居水平。

（十七）织密扎牢社会保障网。完善社会保障制度，加快实现法定人员全覆盖，建立统一的社保公共服务平台，实现社保事项便捷"一网通办"。健全多层次、多支柱养老保险体系，大力发展企业年金、职业年金、个人储蓄型养老保险和商业养老保险。规范执行全国统一的社保费率标准。推动基本医疗保险、失业保险、工伤保险省级统筹。健全重大疾病医疗保险制度。做好长期护理保险制度试点工作，积极发展商业医疗保险。健全灵活就业人员社保制度。健全统一的城乡低收入群体精准识别机制，完善分层分类、城乡统筹的社会救助体系，加强城乡居民社会保险与社会救助制度的衔接，按困难类型分类分档及时给予专项救助、临时救助，切实兜住因病、因灾致贫等困难群众基本生活底线。保障妇女儿童合法权益，完善帮扶残疾人、孤儿等社会福利制度。

（十八）完善先富带后富的帮扶机制。加快推进省以下财政事权和支出责任划分改革，加大向重点生态功能区的转移支付力度。强化陆海统筹，升级山海协作工程，挖掘海域和山区两翼的潜力优势，支持一批重点生态功能区县增强内生发展能力和实力，带动山区群众增收致富。全域参与海洋经济发展，建设海洋强省。探索建立先富帮后富、推动共同富裕的目标体系、工作体系、政策体系、评估体系。深入实施东西部协作和对口支援，持续推进智力支援、产业支援、民生改善、文化教育支援，加强对省外欠发达地区帮扶，大力推进产业合作、消费帮扶和劳务协作，探索共建园区、飞地经济等利益共享模式。完善社会力量参与帮扶的长效机制。

五、打造新时代文化高地，丰富人民精神文化生活

（十九）提高社会文明程度。推动学习贯彻习近平新时代中国特色社会主义思想走深走心走实，实现理想信念教育常态化制度化。坚持以社会主义核心价值观为引领，加强爱国主义、集体主义、社会主义教育，厚植勤劳致富、共同富裕的文化氛围。推进公民道德建设，支持培育"最美浙江人"等品牌。扎实推进新时代文明实践中心建设，深入实施文明创建工程，打造精神文明高地。完善覆盖全省的现代公共文化服务体系，提高城乡基本公共文化服务均等化水平，深入创

新实施文化惠民工程,优化基层公共文化服务网络。弘扬诚信文化,推进诚信建设,营造人与人之间互帮互助、和睦友好的社会风尚。加强家庭家教家风建设,健全志愿服务体系,广泛开展志愿服务关爱行动。

(二十)传承弘扬中华优秀传统文化、革命文化、社会主义先进文化。传承弘扬中华优秀传统文化,充分挖掘浙江文化优势,深入推进大运河国家文化公园、大运河文化带建设,振兴非遗记忆。传承红色基因,大力弘扬革命文化,提升爱国主义教育基地建设水平。实施重大文化设施建设工程,打造具有国际影响力的影视文化创新中心和数字文化产业集群,提供更多优秀文艺作品、优秀文化产品和优质旅游产品,更好满足人民群众文化需求。

六、践行绿水青山就是金山银山理念,打造美丽宜居的生活环境

(二十一)高水平建设美丽浙江。支持浙江开展国家生态文明试验区建设,绘好新时代"富春山居图"。强化国土空间规划和用途管控,优化省域空间布局,落实生态保护、基本农田、城镇开发等空间管控边界。坚持最严格的耕地保护制度和最严格的节约用地制度,严格规范执行耕地占补平衡制度,对违法占用耕地"零容忍",坚决有效遏制增量,依法有序整治存量,强化耕地数量保护和质量提升。深化生态文明体制改革,实行最严格的生态环境保护制度,健全明晰高效的自然资源资产产权制度。坚持山水林田湖草系统治理,全面提升生物多样性保护水平。完善生态保护补偿机制,推广新安江等跨流域共治共保共享经验。继续打好蓝天、碧水、净土保卫战,强化多污染物协同控制和区域协同治理,推进生态环境持续改善。推进海岸带综合保护与利用。推进海岛特色化差异化发展,加强海岛生态环境保护。

(二十二)全面推进生产生活方式绿色转型。拓宽绿水青山就是金山银山转化通道,建立健全生态产品价值实现机制,探索完善具有浙江特点的生态系统生产总值(GEP)核算应用体系。高标准制定实施浙江省碳排放达峰行动方案。推进排污权、用能权、用水权市场化交易,积极参与全国碳排放权交易市场。大力发展绿色金融。全面促进能源资源节约集约利用,进一步推进生活垃圾分类,加快构建家电、汽车等废旧物资循环利用体系。深化"无废城市"建设。大力推行

简约适度、绿色低碳、文明健康的生活方式，广泛开展绿色生活创建行动，促进人与自然和谐共生。

七、坚持和发展新时代"枫桥经验"，构建舒心安心放心的社会环境

（二十三）以数字化改革提升治理效能。强化数字赋能，聚焦党政机关整体智治、数字经济、数字社会、数字政府、数字法治等领域，探索智慧治理新平台、新机制、新模式。推进"互联网＋放管服"，全面推行"掌上办事"、"掌上办公"。深化"一件事"集成改革。健全党组织领导的自治、法治、德治、智治融合的城乡基层治理体系，完善基层民主协商制度，推进市域社会治理现代化，建设人人有责、人人尽责、人人享有的社会治理共同体。推进"最多跑一地"改革，完善县级社会矛盾纠纷调处化解中心工作机制。

（二十四）全面建设法治浙江、平安浙江。健全覆盖城乡的公共法律服务体系，加大普法力度，推动尊法学法守法用法，促进公平正义，建设法治社会。构建全覆盖的政府监管体系和行政执法体系。高水平建设平安中国示范区，把保护人民生命安全摆在首位，加强社会治安防控体系建设，全面提高公共安全保障能力。建立健全覆盖各领域各方面的风险监测防控平台，健全防范化解重大风险挑战体制机制，守住不发生系统性风险底线。

八、保障措施

（二十五）坚持和加强党的全面领导。把党的领导贯穿推动浙江高质量发展建设共同富裕示范区的全过程、各领域、各环节。落实全面从严治党主体责任、监督责任，持之以恒加强党风廉政建设，不断深化清廉浙江建设，营造风清气正的良好政治生态。以正确用人导向引领干部干事创业，落实"三个区分开来"要求，做好容错纠错工作，加强对敢担当善作为干部的激励保护。

（二十六）强化政策保障和改革授权。中央和国家机关有关部门要结合自身职能，加强对浙江省的指导督促，根据本意见有针对性制定出台专项政策，优先将本领域改革试点、探索示范任务赋予浙江，并加强对改革试验、政策实施的监

督检查。根据浙江高质量发展建设共同富裕示范区需要，在科技创新、数字化改革、分配制度改革、城乡区域协调发展、公共服务、生态产品价值实现等方面给予改革授权。涉及重要政策、重要规划、重大项目的，要依法依规办理并按程序报批。有关改革政策措施凡涉及调整现行法律或行政法规的，按法定程序经全国人大常委会或国务院统一授权后实施。

（二十七）建立评价体系和示范推广机制。加快构建推动共同富裕的综合评价体系，建立评估机制，坚持定量与定性、客观评价与主观评价相结合，全面反映共同富裕示范区建设工作成效，更好反映人民群众满意度和认同感。建立健全示范推广机制，及时总结示范区建设的好经验好做法，归纳提炼体制机制创新成果，成熟一批、推广一批，发挥好对全国其他地区的示范带动作用。

（二十八）完善实施机制。健全中央统筹、省负总责、市县抓落实的实施机制。依托推动长三角一体化发展领导小组，加强对浙江建设共同富裕示范区的统筹指导，国家发展改革委牵头设立工作专班负责协调推进本意见提出的任务措施。浙江省要切实承担主体责任，增强敢闯敢试、改革破难的担当精神，始终保持奋进姿态，立足省情和发展实际，制定具体实施方案，充分动员各方力量，不断开辟干在实处、走在前列、勇立潮头新境界。重大事项及时向党中央、国务院请示报告。

附录二

农民工返乡创业相关财税扶持政策一览表（2015年—2022年）

序号	政策名称	政策文号
1	关于进一步做好新形势下就业创业工作的意见	国发〔2015〕23号
2	关于大力推进大众创业万众创新若干政策措施的意见	国发〔2015〕32号
3	关于加快构建大众创业万众创新支撑平台的指导意见	国发〔2015〕53号
4	关于做好当前和今后一段时期就业创业工作意见	国发〔2017〕28号
5	关于强化实施创新驱动发展战略进一步推进大众创业万众创新深入发展的意见	国发〔2017〕37号
6	关于推动创新创业高质量发展打造"双创"升级版的意见	国发〔2018〕32号
7	关于发展众创空间推进大众创新创业的指导意见	国办发〔2015〕9号
8	关于支持农民工等人员返乡创业的意见	国办发〔2015〕47号
9	关于支持返乡下乡人员创业创新促进农村一二三产业融合发展的意见	国办发〔2016〕84号
10	关于推广支持创新相关改革举措的通知	国办发〔2017〕80号
11	关于进一步做好高校毕业生等青年就业创业工作的通知	国办发〔2022〕13号
12	财政部 税务总局 人力资源社会保障部关于继续实施支持和促进重点群体创业就业有关税收政策的通知	财税〔2017〕49号
13	关于延续小微企业增值税政策的通知	财税〔2017〕76号
14	财政部 税务总局关于支持小微企业融资有关税收政策的通知	财税〔2017〕77号
15	财政部 税务总局关于对营业账簿减免印花税的通知	财税〔2018〕50号
16	财政部 税务总局关于进一步扩大小型微利企业所得税优惠政策范围的通知	财税〔2018〕77号

续表

序号	政策名称	政策文号
17	财政部 税务总局关于金融机构小微企业贷款利息收入免征增值税政策的通知	财税〔2018〕91号
18	财政部 人力资源社会保障部 中国人民银行关于进一步做好创业担保贷款财政贴息工作的通知	财金〔2018〕22号
19	财政部 税务总局关于实施小微企业普惠性税收减免政策的通知	财税〔2019〕13号
20	财政部 税务总局 人力资源社会保障部 国务院扶贫办关于进一步支持和促进重点群体创业就业有关税收政策的通知	财税〔2019〕22号
21	财政部 税务总局关于金融企业涉农贷款和中小企业贷款损失准备金税前扣除有关政策的公告	2019年第85号
22	财政部 税务总局关于明确生活性服务业增值税加计抵减政策的公告	2019年第87号
23	国家税务总局 人力资源社会保障部 国务院扶贫办 教育部关于实施支持和促进重点群体创业就业有关税收政策具体操作问题的公告	2019年第10号
24	财政部 税务总局关于延续实施普惠金融有关税收优惠政策的公告	2020年第22号
25	财政部 税务总局关于延长部分税收优惠政策执行期限的公告	2021年第6号
26	财政部 税务总局关于明确增值税小规模纳税人免征增值税政策的公告	2021年第11号
27	财政部 税务总局关于实施小微企业和个体工商户所得税优惠政策的公告	2021年第12号
28	财政部 税务总局 人力资源社会保障部 国家乡村振兴局关于延长部分扶贫税收优惠政策执行期限的公告	2021年第18号
29	国家税务总局 财政部关于制造业中小微企业延缓缴纳2021年第四季度部分税费有关事项的公告	2021年第30号
30	财政部 税务总局关于进一步实施小微企业"六税两费"减免政策的公告	2022年第10号
31	财政部 税务总局关于进一步实施小微企业所得税优惠政策的公告	2022年第13号

续表

序号	政策名称	政策文号
32	财政部 税务总局关于印花税法实施后有关优惠政策衔接问题的公告	2022年第23号
33	国家税务总局关于金融企业涉农贷款和中小企业贷款损失税前扣除问题的公告	2015年第25号
34	国家税务总局关于进一步完善固定资产加速折旧企业所得税政策有关问题的公告	2015年第68号
35	国家税务总局关于实施小型微利企业普惠性所得税减免政策有关问题的公告	2019年第2号
36	国家税务总局关于增值税小规模纳税人地方税种和相关附加减征政策有关征管问题的公告	2019年第5号
37	国家税务总局关于办理增值税期末留抵税额退税有关事项的公告	2019年第20号
38	国家税务总局关于小规模纳税人免征增值税征管问题的公告	2021年第5号
39	国家税务总局关于落实支持小型微利企业和个体工商户发展所得税优惠政策有关事项的公告	2021年第8号
40	国家税务总局关于进一步实施小微企业"六税两费"减免政策有关征管问题的公告	2022年第3号
41	浙江省人民政府关于支持大众创业促进就业的意见	浙政发〔2015〕21号
42	浙江省人民政府关于大力推进大众创业万众创新的实施意见	浙政发〔2015〕37号
43	关于做好当前和今后一段时间就业创业工作的实施意见	浙政发〔2017〕41号
44	浙江省财政厅等4部门转发财政部 国家税务总局 人力资源社会保障部关于继续实施支持和促进重点群体创业就业有关税收政策的通知	浙财税政〔2017〕19号
45	关于发布《"双创"税收优惠事项清单》的公告	浙江省国家税务局公告2017年第8号
46	浙江省人民政府关于强化实施创新驱动发展战略深入推进大众创业万众创新的实施意见	浙政办发〔2018〕31号
47	浙江省人民政府关于推动创新创业高质量发展打造"双创"升级版实施意见	浙政发〔2019〕9号

续表

序号	政策名称	政策文号
48	关于落实重点群体创业就业有关税收优惠政策的通知	浙财税政[2019]8号
49	转发财政部 人力资源社会保障部 中国人民银行关于进一步加大创业担保贷款贴息力度全力支持重点群体创业就业的通知	浙财金〔2020〕43号
50	浙江省农业农村厅等4部门关于印发浙江省低收入农户小额信贷管理办法的通知	浙农振发〔2022〕2号
51	浙江省人民政府办公厅关于进一步减负纾困助力中小微企业发展的若干意见	浙政办发〔2022〕25号
52	浙江省人力资源和社会保障厅 浙江省发展和改革委员会 浙江省财政厅关于支持山区26县就业创业高质量发展的若干意见	浙人社发〔2022〕46号
53	中共浙江省委组织部 浙江省人力资源和社会保障厅等17部门关于进一步做好高校毕业生等青年就业创业工作的通知	浙人社发〔2022〕48号
54	杭州市人民政府关于支持大众创业促进就业的意见	杭政函〔2015〕174号
55	杭州市人民政府关于做好新形势下就业创业工作的实施意见	杭政函〔2018〕81号
56	关于做好当前和今后一个时期促进就业工作的实施意见	杭政函〔2019〕19号
57	桐庐县人民政府关于支持大众创业促进就业的实施意见	桐政发〔2016〕57号
58	桐庐县人民政府关于做好当前和今后一个时期促进就业创业工作的实施意见	桐政发〔2020〕3号
59	桐庐县小微企业园建设提升财政专项资金管理办法	桐经信〔2022〕18号
60	丽水市人民政府关于支持大众创业促进就业的实施意见	丽政发〔2015〕78号
61	丽水市人力资源和社会保障局 丽水市财政局关于进一步加强创业培训工作的通知	丽人社〔2016〕102号
62	丽水市本级支持大众创业促进就业政策实施细则	丽人社〔2016〕166号
63	丽水市创业园认定管理办法（试行）	丽人社〔2017〕133号
64	丽水市人民政府关于做好当前和今后一段时期就业创业工作的实施意见	丽政发〔2018〕29号
65	丽水市本级就业创业扶持政策实施细则	丽人社〔2018〕333号

续表

序号	政策名称	政策文号
66	关于进一步规范丽水市本级创业培训补贴工作的通知	丽人社〔2020〕95号
67	丽水市区创业担保贷款实施细则	丽人社〔2021〕30号
68	庆元县人民政府办公室关于转发《丽水市人民政府关于支持大众创业促进就业的实施意见》	庆政办发〔2015〕204号
69	关于做好庆元县创业担保贷款工作的通知	庆银发〔2017〕27号
70	庆元县人民政府办公室关于转发《丽水市人民政府关于做好当前和今后一段时期就业创业工作的实施意见》的通知	庆政办发〔2018〕186号
71	关于印发《云和县就业创业扶持政策实施细则》的通知	云人社〔2019〕62号
72	云和县人力资源和社会保障局关于进一步规范创业培训补贴工作的通知	云人社〔2020〕55号
73	云和县经济商务局 云和县财政局关于云和县2022年小微企业园建设提升工作财政专项资金使用方案的通知	云经商〔2022〕22号
74	关于云和县2022年小微企业园建设提升工作财政专项资金分配方案的通知	云经商〔2022〕37号
75	关于进一步规范龙泉市创业培训补贴工作的通知	龙人社〔2020〕37号
76	松阳县2016年度返乡创业试点县工作计划	松发改服〔2016〕86号
77	松阳县人民政府关于做好当前和今后一段时期就业创业工作的实施意见	松政发〔2018〕152号
78	关于印发《莲都区支持农民工等人员返乡创业实施办法》的通知	莲政办发〔2016〕82号
79	丽水市莲都区人民政府办公室关于印发莲都区农业农村高质量发展实施意见的通知	莲政办发〔2022〕55号
80	遂昌县人民政府转发《丽水市人民政府关于支持大众创业促进就业的实施意见》的通知	遂政发〔2016〕7号

附录三

农民工返乡创业财税扶持政策评价指标重要性调查

尊敬的专家您好！感谢您能抽出时间填写这份关于农民工返乡创业财税扶持政策的评价指标重要性的调查。本调查问卷根据德尔菲法得到评价指标的重要性程度设计，根据德尔菲法操作过程，本次调查将会对您采取循环发放问卷的方式，也就是说为了最终得到一致的结果，可能会向您多次发放问卷，感谢您的支持与理解，谢谢！

本次调查采用1—9判断尺度衡量各指标的相对重要性，具体判断尺度如表所示。

表1 层次分析法常用比例标度

量化值	因素i比因素j
1	因素i和j对于农民工返乡创业同样重要
3	因素i比j对于农民工返乡创业稍微重要
5	因素i比j对于农民工返乡创业明显重要
7	因素i比j对于农民工返乡创业强烈重要
9	因素i比j对于农民工返乡创业极端重要
2、4、6、8	处于上述判断之间的中间状态所对应标度值

一级指标的重要性判断矩阵如表2所示。

表2 一级指标判断矩阵的评分（A）

一级指标 i	j 农民工返乡创业财税扶持政策（A）	1 财政投资政策（B1）	2 税收优惠政策（B2）	3 财政补贴政策（B3）	4 财政融资政策（B4）
1	财政投资政策（B1）	1			
2	税收优惠政策（B2）		1		
3	财政补贴政策（B3）			1	
4	财政融资政策（B4）				1

二级指标财政投资政策的重要性判断矩阵如表3所示。

表3 财政投资政策判断矩阵的评分（B1）

二级指标 i	j 财政投资政策（B1）	1 创业基础设施投资（C11）	2 创业培训投资（C12）	3 打造农民工返乡创业园区（C13）	4 建立农民工创业专项扶持资金（C14）
1	创业基础设施投资（C11）	1			
2	创业培训投资（C12）		1		
3	打造农民工返乡创业园区（C13）			1	
4	建立农民工创业专项扶持资金（C14）				1

二级指标税收优惠政策的重要性判断矩阵如表4所示。

表4 税收优惠政策判断矩阵的评分（B2）

二级指标 i	j 税收优惠政策（B2）	1 小微企业税收优惠（C21）	2 重点群体创业就业税收优惠（C22）	3 创业就业平台税收优惠（C23）
1	小微企业税收优惠（C21）	1		
2	重点群体创业就业税收优惠（C22）		1	

续表

二级指标	j	1	2	3
3	创业就业平台税收优惠（C23）			1

二级指标财政补贴政策的重要性判断矩阵如表5所示。

表5 财政补贴政策判断矩阵的评分（B3）

二级指标 i	j 财政补贴政策（B3）	1 创业培训补贴（C31）	2 社会保险补贴（C32）	3 创业补贴（C33）
1	创业培训补贴（C31）	1		
2	社会保险补贴（C32）	2	1	
3	创业补贴（C33）			1

二级指标财政融资政策的重要性判断矩阵如表6所示。

表6 财政融资政策判断矩阵的评分（B4）

二级指标 i	j 财政融资政策（B4）	1 重点产业信贷支持（C41）	2 创业贷款担保（C42）	3 财政贴息（C43）
1	重点产业信贷支持（C41）	1		
2	创业贷款担保（C42）		1	
3	财政贴息（C43）			1

感谢您的参与！

附录四

农民工返乡创业财税扶持政策调查问卷

您好！非常感谢您能抽出宝贵的时间参与这次有关"农民工返乡创业财税扶持政策"的问卷调查。本次问卷收集的信息，仅为学术研究所用，请您如实填答。我们会对您所提供的所有信息绝对保密。本次调查采取不记名的方式进行，请在所选答案的"□"内打"√"。

此外，该问卷调查的对象必须同时符合以下三个条件：

（1）曾离开过县、乡、镇、村半年以上且从事非农业生产活动；

（2）具备农村户口；

（3）正在户籍所在地（县、乡、镇、村）创业中（具备工商营业执照）。

如您符合以上三个条件请您继续填写以下问卷。

一、个人基本信息

1. 您的性别：

□男 □女

2. 您的年龄：

□30岁以下 □30~40岁 □40岁以上

3. 您的文化程度：

□初中及以下 □高中及中专 □大专及以上

4. 您的婚姻状况：

□已婚 □未婚

二、创业基本情况

1. 您创办企业的类型是（创业选择的类型）：

□种养殖业 □住宿餐饮业 □批发零售业 □制造业 □其他行业

2. 您创业的形式是：

□个人独自创业 □夫妻共同创业 □合伙创业

3. 您创业的初始启动资金是：

□10万以下 □10万~20万 □20万~30万 □30万以上

4. 您创业主要初始资金的来源：（多选）

□家庭积蓄 □亲戚朋友借款 □银行贷款 □其他

5. 您在创业过程中遇到的困难有哪些？（多选）

□融资困难 □税收负担过重 □管理能力不足 □欠债问题严重 □竞争过于激烈 □生产经营成本过高 □其他

三、农民工返乡创业财税扶持政策效果评价

1. 您认为当地的创业氛围怎么样？

□很差 □比较差 □一般 □较好 □非常好

2. 您对农民工返乡创业财税扶持政策知晓吗？

对各种政策的知晓程度分为：不知道、知道但不了解、了解一些、了解大部分、很熟悉，请在下表中对应的位置打"√"。

政策类型		不知道	知道但不了解	了解一些	了解大部分	很熟悉
财政投资政策	总体政策					
	1. 创业基础设施投资					
	2. 创业培训投资					
	3. 打造农民工返乡创业园区					
	4. 建立农民工创业专项扶持资金					

续表

政策类型		不知道	知道但不了解	了解一些	了解大部分	很熟悉
税收优惠政策	1. 小微企业税收优惠					
	2. 重点群体创业就业税收优惠					
	3. 创业就业平台税收优惠					
财政补贴政策	1. 创业培训补贴					
	2. 社会保险补贴					
	3. 创业补贴					
财政融资政策	1. 重点产业信贷支持					
	2. 创业贷款担保					
	3. 财政贴息					

3. 您利用过农民工返乡创业财税扶持政策吗？

对各种政策的利用情况分为：利用过和没利用过，请在下表中对应的位置打"√"。

政策类型		利用过	没利用过
总体政策			
财政投资政策	1. 创业基础设施投资		
	2. 创业培训投资		
	3. 打造农民工返乡创业园区		
	4. 建立农民工创业专项扶持资金		
税收优惠政策	1. 小微企业税收优惠		
	2. 重点群体创业就业税收优惠		
	3. 创业就业平台税收优惠		
财政补贴政策	1. 创业培训补贴		
	2. 社会保险补贴		
	3. 创业补贴		
财政融资政策	1. 重点产业信贷支持		
	2. 创业贷款担保		
	3. 财政贴息		

4. 您认为农民工返乡创业财税扶持政策利用的难度怎么样？

农民工返乡创业财税扶持政策利用的难度分为：容易、比较容易、一般、比较难、难，如您利用过相关政策，请在下表中对应的位置打"√"。

政策类型		容易	比较容易	一般	比较难	难
总体政策						
财政投资政策	1. 创业基础设施投资					
	2. 创业培训投资					
	3. 打造农民工返乡创业园区					
	4. 建立农民工创业专项扶持资金					
税收优惠政策	1. 小微企业税收优惠					
	2. 重点群体创业就业税收优惠					
	3. 创业就业平台税收优惠					
财政补贴政策	1. 创业培训补贴					
	2. 社会保险补贴					
	3. 创业补贴					
财政融资政策	1. 重点产业信贷支持					
	2. 创业贷款担保					
	3. 财政贴息					

5. 您对农民工返乡创业财税扶持政策满意吗？

农民工返乡创业财税扶持政策满意度分为：不满意、满意度低、一般、比较满意、很满意，如您利用过相关政策，请在下表中对应的位置打"√"。

政策类型		不满意	满意度低	一般	比较满意	很满意
总体政策						
财政投资政策	1. 创业基础设施投资					
	2. 创业培训投资					
	3. 打造农民工返乡创业园区					
	4. 建立农民工创业专项扶持资金					
税收优惠政策	1. 小微企业税收优惠					
	2. 重点群体创业就业税收优惠					

续表

政策类型		不满意	满意度低	一般	比较满意	很满意
	3. 创业就业平台税收优惠					
财政补贴政策	1. 创业培训补贴					
	2. 社会保险补贴					
	3. 创业补贴					
财政融资政策	1. 重点产业信贷支持					
	2. 创业贷款担保					
	3. 财政贴息					

6. 您认为农民工返乡创业财税扶持政策重要吗？

农民工返乡创业财税扶持政策重要度分为：不重要、重要度低、一般、比较重要、很重要，请在下表中对应的位置打"√"。

政策类型		不重要	重要度低	一般	比较重要	很重要
总体政策						
财政投资政策	1. 创业基础设施投资					
	2. 创业培训投资					
	3. 打造农民工返乡创业园区					
	4. 建立农民工创业专项扶持资金					
税收优惠政策	1. 小微企业税收优惠					
	2. 重点群体创业就业税收优惠					
	3. 创业就业平台税收优惠					
财政补贴政策	1. 创业培训补贴					
	2. 社会保险补贴					
	3. 创业补贴					
财政融资政策	1. 重点产业信贷支持					
	2. 创业贷款担保					
	3. 财政贴息					

感谢您的参与！

参考文献

[1] 陈偲.共同富裕视野下的社会建设——要素契合、制度优势与未来发展[J].行政管理改革,2022(8):81-87.

[2] 袁红英.新时代推动共同富裕的科学指南[N].经济日报,2024-01-02(10).

[3] 唐任伍,许传通.乡村振兴推动共同富裕实现的理论逻辑、内在机理和实施路径[J].中国流通经济,2022,36(6):10-17.

[4] 何自力.乡村振兴是实现共同富裕必经之路[N].经济日报,2021-09-22(11).

[5] 汤鹏主,谭帮域.新型农村集体经济赋能共同富裕[N].中国社会科学报,2023-07-19(8).

[6] 王晓娥.返乡农民工推动农村微型企业创业发展研究[J].农业经济,2016,1(6):71-73.

[7] 李红娟.返乡农民工在乡村振兴中的作用[J].中国物价,2019,1(6):91-93.

[8] 杨秀丽.乡村振兴战略下返乡农民工创新创业生态系统构建[J].经济体制改革,2019,1(4):70-77.

[9] 熊肖雷,田华.返乡农民工创业助推乡村振兴的形成机理与实现路径[J].甘肃农业,2024(6):120-124.

[10] 程华,赵祥.政府科技资助对企业研发产出的影响——基于我国大中型工业企业的实证研究[J].科学学研究,2008(3):519-525.

[11] 解维敏,唐清泉,陆姗姗.政府研发资助,企业研发支出与自主创新——来自中国上市公司的经验证据[J].金融研究,2009(6):86-99.

[12] 朱云欢,张明喜.我国财政补贴对企业研发影响的经验分析[J].经济经纬,

2010(5):77-81.

[13] 郑春美，李佩. 政府补助与税收优惠对企业创新绩效的影响——基于创业板高新技术企业的实证研究［J］. 科技进步与对策，2015, 32(16):83-87.

[14] 张志元，马永凡，张梁. 供给侧改革视角的政府补助与企业创新［J］. 科研管理，2020，41(8): 85-94.

[15] 王维，李昊展，乔朋华，等. 政府补助方式对新能源汽车企业绩效影响研究——基于企业成长性的深入分析［J］. 科技进步与对策，2017, 34(23):114-120.

[16] 杨芷晴. 不同产权性质下的地方政府财政补贴质量——来自中国企业—员工匹配调查(CEES)的证据［J］. 金融经济学研究，2016, 31(3):51-59.

[17] 张杰，陈志远，杨连星，等. 中国创新补贴政策的绩效评估：理论与证据［J］. 经济研究，2015, 50(10):4-17+33.

[18] 李楠,于金. 政府环保政策对企业技术创新的影响［J］. 世界科技研究与发展，2016，38(5)：932-936+954.

[19] 李万福，杜静，张怀. 创新补助究竟有没有激励企业创新自主投资——来自中国上市公司的新证据［J］. 金融研究，2017(10)：130-145.

[20] 岳怡廷，张西征. 异质性企业创新投入资金来源差异及其变迁研究［J］. 科学学研究，2017, 35(1):125-138+160.

[21] 施建军，栗晓云. 政府补助与企业创新能力：一个新的实证发现［J］. 经济管理，2021, 43(3):113-128.

[22] 梁彤缨，桂林玲，刘璇冰. 不同融资约束背景下政府研发补助效应研究［J］. 科技进步与对策，2017, 34(7):26-33.

[23] 法成迪. 政府补贴与税收优惠并行对企业创新的激励效果研究［D］. 山东大学，2020.

[24] 卢方元，李彦龙. 政府支持有助于提升高技术产业研发效率吗？［J］. 科学学研究，2016, 34(12): 1800-1806+1829.

[25] 陈如雪. 税收优惠政策对企业研发投入的影响研究［D］. 江西财经大学，2020.

[26] 黄惠丹,吴松彬.研发 税收激励效应评估：挤出还是挤入？[J].中央财经大学学报,2019(4):16-26+128.

[27] 林洲钰,林汉川,邓兴华.所得税改革与中国企业技术创新[J].中国工业经济,2013(3):13.

[28] 蓝锦秀.政府政策扶持对企业技术创新能力的影响[D].上海财经大学,2020.

[29] 朱永明,赵程程,贾明娥,等.税收优惠对企业研发投入的影响研究——基于所有制与地区市场化的联合调节效应[J].财会通,2019(18):6.

[30] 韩仁月,马海涛.税收优惠方式与企业研发投入——基于双重差分模型的实证检验[J].中央财经大学学报,2019,(3):3-10.

[31] 许伟,陈斌开.税收激励和企业投资——基于2004～2009年增值税转型的自然实验[J].管理世界,2016(5):9-17.

[32] 胡华夏,洪荭,肖露璐,等.税收优惠与研发投入——产权性质调节与成本粘性的中介作用[J].科研管理,2017,38(6):135-143.

[33] 姚维保,张翼飞,李淑一.研发费用加计扣除对传统能源企业 研发 的激励效应——来自我国传统能源上市企业面板数据实证检验[J].科技管理研究,2020,40(1):25-31.

[34] 伍红,郑家兴,王乔.固定资产加速折旧、厂商特征与企业创新投入——基于高端制造业A股上市公司的实证研究[J].税务研究,2019(11):34-40.

[35] 白旭云,王砚羽,苏欣.研发补贴还是税收激励——政府干预对企业创新绩效和创新质量 的影响[J].科研管理,2019,40(6):9-18.

[36] 储德银,杨姗,宋根苗.财政补贴、税收优惠与战略性新兴产业创新投入[J].财贸研究,2016,27(5):83-89.

[37] 邓子基,杨志宏.财税政策激励企业技术创新的理论与实证分析[J].财贸经济,2011(5):5-10+136.

[38] 柳光强.税收优惠、财政补贴政策的激励效应分析——基于信息不对称理论视角的实证研究[J].管理世界,2016(10):62-71.

[39] 李香菊,杨欢.财税激励政策、外部环境与企业研发投入——基于中国战

略性新兴产业 A 股上市公司的实证研究［J］.当代财经，2019(3):25-36.

［40］朱平芳，徐伟民.政府的科技激励政策对大中型工业企业 研发 投入及其专利产出的影响——上海市的实证研究［J］.经济研究，2003(6):45-53+94.

［41］陈远燕.财政补贴、税收优惠与企业研发投入——基于非上市公司 20 万户企业的实证分析［J］.税务研究，2016(10)：34-39.

［42］陈倍正.财税扶持政策对企业创新的激励效果研究［D］.江西财经大学，2022.

［43］许均平.基于 DEA 方法的农村信贷政策效应评估研究［J］.金融与经济，2010(5):60-64.

［44］何树全.中国农业支持政策效应分析［J］.统计研究，2012(1):43-48.

［45］方鸣，张婷婷，刘美玲.农民工返乡创业扶持政策绩效评价与政策取向——基于全国返乡创业企业的调查数据［J］.安徽大学学报(哲学社会科学版)，2021(6):122-132.

［46］朱红根，陈昭玖，张月永.农民工返乡创业政策满意度影响因素分析［J］.商业研究，2011(2):143-148.

［47］胡俊波.农民工返乡创业扶持政策绩效评估体系：构建与应用［J］.社会科学研究，2014(5):79-85.

［48］侯俊华，丁志成.农民工创业政策绩效的实证研究——基于江西调查数据［J］.调研世界，2016(10):19-22.

［49］阙立峻.农民工返乡创业试点政策绩效评估——来自浙江丽水的调查［J］.理论观察，2020(1):67-70.

［50］史桂芬，刘欢，陈昕.以财税政策助推农民工返乡创业［J］.税务研究，2015(10):120-121.

［51］卢欢欢.促进农民工返乡创业的财税支持政策研究［J］.行政事业资产与财务，2014(1):26-29.

［52］李波.税收政策促进产业结构优化的思考［J］.税务研究，2015(4):17-21.

［53］王羽欣，涂钰燕，冯小妹，等.大学生返乡创业政策支持绩效分析——基于新型农业经营主体培育视角下的研究［J］.中国林业经济，2017(3):104-107.

［54］程伟.农民工返乡创业研究［D］.西北农林科技大学,2012.

［55］王轶,陆晨云.财税扶持政策何以提升返乡创业企业经营绩效?——基于全国返乡创业企业的调查数据［J］.现代财经(天津财经大学学报),2021,(6):56-72.

［56］倪诗慧.农民工返乡创业扶持政策效果评价研究［D］.江西财经大学,2022.

［57］黄祖辉,宋文豪,叶春辉,等.政府支持农民工返乡创业的县域经济增长效应——基于返乡创业试点政策的考察［J］.中国农村经济,2022（14）:24-43.

［58］王虎邦,夏卫杰,逯鹏飞.农民工返乡创业促进县域共同富裕的新证据［J］.统计学报,2024,5(1):80-94.

［59］Allen S R, Hammond G P, Mc Manus M C. Prospects for and barriers to domestic micro-generation:A United Kingdom perspective［J］. Applied. Energy, 2008, 85(6):528-544.

［60］A Dechezlepretre A，Eini E，Martin R，et al. Do Tax Incentives for Research Increase Firm Innovation? An RD Design for R&D［J］. Social Science Electronic Publishing, 2016, 11(2):183-206.

［61］Cappelen, Raknerud A, Rybalka M. The effects of R&D tax credits on patenting and innovations［J］. Research Policy, 2012, 41(2): 334-345.

［62］Fornell Claes, et al. The American Customer Satisfaction Index: Nature, Purpose, and Findings. Journal of Marketing, 1996, 60(4): 7-18.

［63］Guellec D, Van Pottelsberghe B. The impact of public R&D expenditure on business R&D［J］. Economics of Innovation and New Technology, 2003, 12(3):225-243.

［64］Hamberg D. "Book-review" Economics of Research and Development［J］. The American Economic Review, 1966, 56(4):963-965.

［65］Kim In Sue. A Study on the Efficiency of VSP(Venture Support Policy) from the Concept of 'Ease of Use' and 'Experience' Perspective, Using Integrated Model with TRA and TAM. Industry Promotion Research, 2016, 1(1).

[66] Manso, G. Motivating innovation [J]. The Journal of Finance, 2011, 66(5): 1 823–1 860.

[67] Ma-Chunguang, Bei-Hongjun, Wang-Chuner. Accelerated Depreciation Tax Credit and Corporate Financialization Based on the PSM-DID Model [J]. Wireless Communications & Mobile Computing, 2020. DOI: 10.1155/2020/6622900, 2020. DEC7. ORCID 号: Ma, Chunguang/0000-0002-1177-404X, ISSN: 1530-8669, eISSN: 1 530-8 677.

[68] Ma-Chunguang, Bei-Hongjun, Chen-Guihua, Gao-Jianhui. An Information Retrieval Algorithm for Accounting Internal Audit Using Multi-Pattern Similarity Matching [J]. Mobile Information Systems, 2022.

[69] Philipp Boeing. The Allocation and Effectiveness of China's R & D Subsidies-Evidence from Listed Firms [J]. *Research Policy*, 2016, 45(9):1774-1789.

[70] Rolf Sternberg. Success Factors of University-Spin-offs: Regional Government Support Programs versus Regional Environment [J]. Technovation, 2014, 34(3).

[71] Saul Lach. Do R&D Subsidies Stimulate or Displace Private R&D? Evidence from Israel [J]. *The Journal of Industrial Economics*, 2002, 50(4):369-390.

[72] Scott J. Wallsten. The Effects of Government-Industry R&D Programs on Private R&D: The Case of the Small Business Innovation Research Program [J]. *The RAND Journal of Economics*, 2000, 31(1):82-100.

[73] Salisu Jamilu Bappa. Entrepreneurial Training Effectiveness, Government Entrepreneurial Supports and Venturing of TVET Students into IT Related Entrepreneurship–An Indirect-Path Effects Analysis [J]. Heliyon, 2020, 6(11).

[74] Tassey, G. Underinvestment in Public Good Technologies [J]. The Journal of Technology Transfer, 2004, 30(1-2):89-113.

[75] Yang, C. H. Tax Incentives and R&D Activity: Firm-Level Evidence from Taiwan [J]. Research Policy, 2012, 41(9):1578-1588.